Chinese Classics Recitation

中华经典诵读文库III

ZHONGHUA JINGDIAN SONGDU WENKU

中华经典诵读文库编委会 编

——适合5～6年级——

第 3 册

——大学之道，在明明德——

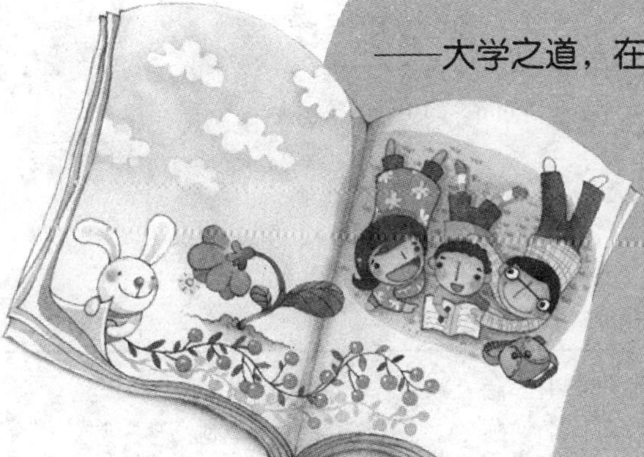

北京师范大学出版社
BEIJING NORMAL UNIVERSITY PRESS

图书在版编目（CIP）数据

中华经典诵读文库.第3册／中华经典诵读文库编委会编. —北京：北京师范大学出版社，2005.9（2013.5重印）

ISBN 978-7-303-07794-6

Ⅰ.①中… Ⅱ.①中… Ⅲ.①古典诗歌—中国—中小学—教学参考资料②文言文—中小学—教学参考资料 Ⅳ.G634.303

中国版本图书馆CIP数据核字（2005）第109242号

出版发行：北京师范大学出版社 www.bnupg.com
北京新街口外大街19号
邮政编码：100875
印　　刷：北京京师印务有限公司
经　　销：全国新华书店
开　　本：148 mm × 210 mm
印　　张：5
字　　数：120千字
版　　次：2005年7月第1版
印　　次：2013年5月第13次印刷
定　　价：6.50元

责任编辑：王一涵　　装帧设计：王　蕊
责任校对：李　菡　　责任印制：李　啸

目　录

《语文课程标准》必背古诗词三

唐诗选——五言古诗

唐诗选——五古乐府

唐诗选——七言古诗

唐诗选——七古乐府

yǔ wén kè chéngbiāo zhǔn　bì bèi gǔ shī cí sān

《语文课程标准》必背古诗词三

liáng zhōu cí

凉州词

táng　wáng　hàn

（唐）王翰

pú táo měi jiǔ yè guāng bēi

葡萄美酒夜光杯，

yù yǐn pí pá mǎ shàng cuī

欲饮琵琶马上催。

zuì wò shā chǎng jūn mò xiào

醉卧沙场君莫笑，

gǔ lái zhēng zhàn jǐ rén huí

古来征战几人回。

chū sài
出 塞

táng wáng chāng líng
（唐）王 昌 龄

qín shí míng yuè hàn shí guān
秦时明月汉时关，
wàn lǐ chángzhēng rén wèi huán
万里长征人未还。
dàn shǐ lóng chéng fēi jiàng zài
但使龙城飞将在，
bù jiào hú mǎ dù yīn shān
不教胡马度阴山。

fú róng lóu sòng xīn jiàn
芙蓉楼送辛渐

táng wáng chāng líng
（唐）王 昌 龄

hán yǔ lián jiāng yè rù wú
寒雨连江夜入吴，
píng míng sòng kè chǔ shān gū
平明送客楚山孤。
luò yáng qīn yǒu rú xiāng wèn
洛阳亲友如相问，
yī piàn bīng xīn zài yù hú
一片冰心在玉壶。

sòng yuán èr shǐ ān xī
送元二使安西

táng wáng wéi
（唐）王 维

wèi chéng zhāo yǔ yì qīng chén
渭城朝雨浥轻尘，
kè shè qīng qīng liǔ sè xīn
客舍青青柳色新。
quàn jūn gèng jìn yī bēi jiǔ
劝君更进一杯酒，
xī chū yáng guān wú gù rén
西出阳关无故人。

jiǔ yuè jiǔ rì yì shān dōng xiōng dì
九月九日忆山东兄弟

táng wáng wéi
（唐）王 维

dú zài yì xiāng wéi yì kè
独在异乡为异客，
měi féng jiā jié bèi sī qīn
每逢佳节倍思亲。
yáo zhī xiōng dì dēng gāo chù
遥知兄弟登高处，
biàn chā zhū yú shǎo yī rén
遍插茱萸少一人。

huáng hè lóu sòng mèng hào rán zhī guǎng líng

黄鹤楼送孟浩然之广陵

táng lǐ bái

（唐）李 白

gù rén xī cí huáng hè lóu
故人西辞黄鹤楼，
yān huā sān yuè xià yáng zhōu
烟花三月下扬州。
gū fān yuǎn yǐng bì kōng jìn
孤帆远影碧空尽，
wéi jiàn cháng jiāng tiān jì liú
唯见长江天际流。

gǔ lǎng yuè xíng

古朗月行

táng lǐ bái

（唐）李 白

xiǎo shí bù shí yuè hū zuò bái yù pán
小时不识月，呼作白玉盘。
yòu yí yáo tái jìng fēi zài qīng yún duān
又疑瑶台镜，飞在青云端。
xiān rén chuí liǎng zú guì shù hé tuán tuán
仙人垂两足，桂树何团团。
bái tù dǎo yào chéng wèn yán yǔ shuí cān
白兔捣药成，问言与谁餐？

wàng tiān mén shān

望天门山

táng lǐ bái

（唐）李　白

tiān mén zhōng duàn chǔ jiāng kāi
天门中断楚江开，
bì shuǐ dōng liú zhì cǐ huí
碧水东流至此回。
liǎng àn qīng shān xiāng duì chū
两岸青山相对出，
gū fān yī piàn rì biān lái
孤帆一片日边来。

bié dǒng dà

别董大

táng gāo shì

（唐）高　适

qiān lǐ huáng yún bái rì xūn
千里黄云白日曛，
běi fēng chuī yàn xuě fēn fēn
北风吹雁雪纷纷。
mò chóu qián lù wú zhī jǐ
莫愁前路无知己，
tiān xià shuí rén bù shí jūn
天下谁人不识君？

chūn yè xǐ yǔ
春夜喜雨

táng dù fǔ
（唐）杜 甫

hǎo yǔ zhī shí jié dāng chūn nǎi fā shēng
好雨知时节，当春乃发生。
suí fēng qián rù yè rùn wù xì wú shēng
随风潜入夜，润物细无声。
yě jìng yún jù hēi jiāng chuán huǒ dú míng
野径云俱黑，江船火独明。
xiǎo kàn hóng shī chù huā zhòng jǐn guān chéng
晓看红湿处，花重锦官城。

sài xià qǔ
塞下曲

táng lú lún
（唐）卢 纶

yuè hēi yàn fēi gāo
月黑雁飞高，
chán yú yè dùn táo
单于夜遁逃。
yù jiāng qīng qí zhú
欲将轻骑逐，
dà xuě mǎn gōng dāo
大雪满弓刀。

wàng dòng tíng

望洞庭

táng liú yǔ xī

（唐）刘禹锡

hú guāng qiū yuè liǎng xiāng hé

湖光秋月两相和，

tán miàn wú fēng jìng wèi mó

潭面无风镜未磨。

yáo wàng dòng tíng shān shuǐ sè

遥望洞庭山水色，

bái yín pán lǐ yī qīng luó

白银盘里一青螺。

làng táo shā

浪淘沙

táng liú yǔ xī

（唐）刘禹锡

jiǔ qū huáng hé wàn lǐ shā

九曲黄河万里沙，

làng táo fēng bǒ zì tiān yá

浪淘风簸自天涯。

rú jīn zhí shàng yín hé qù

如今直上银河去，

tóng dào qiān niú zhī nǚ jiā

同到牵牛织女家。

lè yóu yuán
乐 游 原

táng lǐ shāng yǐn
（唐）李 商 隐

xiàng wǎn yì bù shì
向 晚 意 不 适，
qū chē dēng gǔ yuán
驱 车 登 古 原。
xī yáng wú xiàn hǎo
夕 阳 无 限 好，
zhǐ shì jìn huáng hūn
只 是 近 黄 昏。

fēng
蜂

táng luó yǐn
（唐）罗 隐

bù lùn píng dì yǔ shān jiān
不 论 平 地 与 山 尖，
wú xiàn fēng guāng jìn bèi zhàn
无 限 风 光 尽 被 占。
cǎi dé bǎi huā chéng mì hòu
采 得 百 花 成 蜜 后，
wèi shuí xīn kǔ wèi shuí tián
为 谁 辛 苦 为 谁 甜？

shū hú yīn xiān sheng bì

书湖阴先生壁

sòng wáng ān shí

（宋）王安石

máo yán cháng sǎo jìng wú tái

茅檐长扫净无苔，

huā mù chéng qí shǒu zì zāi

花木成畦手自栽。

yī shuǐ hù tián jiāng lǜ rào

一水护田将绿绕，

liǎng shān pái tà sòng qīng lái

两山排闼送青来。

liù yuè èr shí qī rì wàng hú lóu zuì shū

六月二十七日望湖楼醉书

sòng sū shì

（宋）苏轼

hēi yún fān mò wèi zhē shān

黑云翻墨未遮山，

bái yǔ tiào zhū luàn rù chuán

白雨跳珠乱入船。

juǎn dì fēng lái hū chuī sàn

卷地风来忽吹散，

wàng hú lóu xià shuǐ rú tiān

望湖楼下水如天。

tí xī lín bì

题西林壁

sòng sū shì

（宋）苏轼

héng kàn chéng lǐng cè chéng fēng
横看成岭侧成峰，
yuǎn jìn gāo dī gè bù tóng
远近高低各不同。
bù shí lú shān zhēn miàn mù
不识庐山真面目，
zhǐ yuán shēn zài cǐ shān zhōng
只缘身在此山中。

qiū yè jiāng xiǎo chū lí mén yíng liáng yǒu gǎn

秋夜将晓出篱门迎凉有感

sòng lù yóu

（宋）陆游

sān wàn lǐ hé dōng rù hǎi
三万里河东入海，
wǔ qiān rèn yuè shàng mó tiān
五千仞岳上摩天。
yí mín lèi jìn hú chén lǐ
遗民泪尽胡尘里，
nán wàng wáng shī yòu yī nián
南望王师又一年。

tí lín ān dǐ

题临安邸

sòng lín shēng

（宋）林 升

shān wài qīng shān lóu wài lóu,
山外青山楼外楼，
xī hú gē wǔ jǐ shí xiū?
西湖歌舞几时休？
nuǎn fēng xūn de yóu rén zuì,
暖风熏得游人醉，
zhí bǎ háng zhōu zuò biàn zhōu!
直把杭州作汴州！

yóu yuán bù zhí

游园不值

sòng yè shào wēng

（宋）叶绍翁

yīng lián jī chǐ yìn cāng tái,
应怜屐齿印苍苔，
xiǎo kòu chái fēi jiǔ bù kāi.
小扣柴扉久不开。
chūn sè mǎn yuán guān bù zhù,
春色满园关不住，
yī zhī hóng xìng chū qiáng lái.
一枝红杏出墙来。

mò méi
墨 梅

yuán wáng miǎn
（元）王 冕

wú jiā xǐ yàn chí tóu shù
吾家洗砚池头树，
duǒ duǒ huā kāi dàn mò hén
朵朵花开淡墨痕。
bù yào rén kuā yán sè hǎo
不要人夸颜色好，
zhǐ liú qīng qì mǎn qián kūn
只留清气满乾坤。

shí huī yín
石灰吟

míng yú qiān
（明）于 谦

qiān chuí wàn záo chū shēn shān
千锤万凿出深山，
liè huǒ fén shāo ruò děng xián
烈火焚烧若等闲。
fěn gǔ suì shēn hún bù pà
粉骨碎身浑不怕，
yào liú qīng bái zài rén jiān
要留清白在人间。

zhú shí

竹石

qīng zhèng xiè

（清）郑燮

yǎo dìng qīng shān bù fàng sōng
咬定青山不放松，
lì gēn yuán zài pò yán zhōng
立根原在破岩中。
qiān mó wàn jī hái jiān jìn
千磨万击还坚劲，
rèn ěr dōng xī nán běi fēng
任尔东西南北风。

jǐ hài zá shī

己亥杂诗

qīng gōng zì zhēn

（清）龚自珍

jiǔ zhōu shēng qì shì fēng léi
九州生气恃风雷，
wàn mǎ qí yīn jiū kě āi
万马齐喑究可哀。
wǒ quàn tiān gōng chóng dǒu sǒu
我劝天公重抖擞，
bù jū yī gé jiàng rén cái
不拘一格降人才。

fù dé gǔ yuán cǎo sòng bié

赋得古原草送别

táng bái jū yì

（唐）白居易

lí lí yuán shàng cǎo, yī suì yī kū róng
离离原上草，一岁一枯荣。
yě huǒ shāo bù jìn, chūn fēng chuī yòu shēng
野火烧不尽，春风吹又生。
yuǎn fāng qīn gǔ dào, qíng cuì jiē huāngchéng
远芳侵古道，晴翠接荒城。
yòu sòng wáng sūn qù, qī qī mǎn bié qíng
又送王孙去，萋萋满别情。

táng shī xuǎn　　wǔ yán gǔ shī

唐诗选——五言古诗

xià zhōng nán shān guò hú sī shān rén sù zhì jiǔ

下终南山过斛斯山人宿置酒

lǐ bái

李白

mù cóng bì shān xià　shān yuè suí rén guī

暮从碧山下，山月随人归。

què gù suǒ lái jìng　cāng cāng héng cuì wēi

却顾所来径，苍苍横翠微。

xiāng xié jí tián jiā　tóng zhì kāi jīng fēi

相携及田家，童稚开荆扉。

lǜ zhú rù yōu jìng　qīng luó fú xíng yī

绿竹入幽径，青萝拂行衣。

huān yán dé suǒ qì　měi jiǔ liáo gòng huī

欢言得所憩，美酒聊共挥。

cháng gē yín sōng fēng　qǔ jìn hé xīng xī

长歌吟松风，曲尽河星稀。

wǒ zuì jūn fù lè　táo rán gòng wàng jī

我醉君复乐，陶然共忘机。

gǎn yù sì shǒu zhī èr

感遇四首之二

zhāng jiǔ líng

张 九 龄

lán yè chūn wēi ruí guì huá qiū jiǎo jié
兰叶春葳蕤，桂华秋皎洁。
xīn xīn cǐ shēng yì zì ěr wéi jiā jié
欣欣此生意，自尔为佳节。
shuí zhī lín qī zhě wén fēng zuò xiāng yuè
谁知林栖者，闻风坐相悦。
cǎo mù yǒu běn xīn hé qiú měi rén zhé
草木有本心，何求美人折。

gǎn yù sì shǒu zhī sì

感遇四首之四

zhāng jiǔ líng

张 九 龄

jiāng nán yǒu dān jú jīng dōng yóu lǜ lín
江南有丹橘，经冬犹绿林。
qǐ yī dì qì nuǎn zì yǒu suì hán xīn
岂伊地气暖，自有岁寒心。
kě yǐ jiàn jiā kè nài hé zǔ chóng shēn
可以荐嘉客，奈何阻重深。
yùn mìng wéi suǒ yù xún huán bù kě xún
运命唯所遇，循环不可寻。
tú yán shù táo lǐ cǐ mù qǐ wú yīn
徒言树桃李，此木岂无阴。

yuè xià dú zhuó

月下独酌

lǐ bái

李白

huā jiān yī hú jiǔ dú zhuó wú xiāng qīn
花间一壶酒，独酌无相亲。
jǔ bēi yāo míng yuè duì yǐng chéng sān rén
举杯邀明月，对影成三人。
yuè jì bù jiě yǐn yǐng tú suí wǒ shēn
月既不解饮，影徒随我身。
zàn bàn yuè jiāng yǐng xíng lè xū jí chūn
暂伴月将影，行乐须及春。
wǒ gē yuè pái huái wǒ wǔ yǐng líng luàn
我歌月徘徊，我舞影零乱。
xǐng shí tóng jiāo huān zuì hòu gè fēn sàn
醒时同交欢，醉后各分散。
yǒng jié wú qíng yóu xiāng qī miǎo yún hàn
永结无情游，相期邈云汉。

chūn sī
春 思

lǐ bái
李 白

yān cǎo rú bì sī，qín sāng dī lǜ zhī。
燕草如碧丝，秦桑低绿枝。
dāng jūn huái guī rì，shì qiè duàn cháng shí。
当君怀归日，是妾断肠时。
chūn fēng bù xiāng shí，hé shì rù luó wéi？
春风不相识，何事入罗帏？

wàng yuè
望 岳

dù fǔ
杜 甫

dài zōng fú rú hé，qí lǔ qīng wèi liǎo。
岱宗夫如何，齐鲁青未了。
zào huà zhōng shén xiù，yīn yáng gē hūn xiǎo。
造化钟神秀，阴阳割昏晓。
dàng xiōng shēng céng yún，jué zì rù guī niǎo。
荡胸生层云，决眦入归鸟。
huì dāng líng jué dǐng，yī lǎn zhòng shān xiǎo。
会当凌绝顶，一览众山小。

zèng wèi bā chǔ shì

赠卫八处士

dù fǔ

杜甫

rén shēng bù xiāng jiàn dòng rú shēn yǔ shāng
人生不相见，动如参与商。
jīn xī fù hé xī gòng cǐ dēng zhú guāng
今夕复何夕，共此灯烛光。
shào zhuàng néng jǐ shí bìn fà gè yǐ cāng
少壮能几时，鬓发各已苍。
fǎng jiù bàn wéi guǐ jīng hū rè zhōng cháng
访旧半为鬼，惊呼热中肠。
yān zhī èr shí zǎi chóng shàng jūn zǐ táng
焉知二十载，重上君子堂。
xī bié jūn wèi hūn ér nǚ hū chéng háng
昔别君未婚，儿女忽成行。
yí rán jìng fù zhí wèn wǒ lái hé fāng
怡然敬父执，问我来何方。
wèn dá nǎi wèi yǐ ér nǚ luó jiǔ jiāng
问答乃未已，儿女罗酒浆。
yè yǔ jiǎn chūn jiǔ xīn chuī jiàn huáng liáng
夜雨剪春韭，新炊间黄粱。
zhǔ chēng huì miàn nán yī jǔ lěi shí shāng
主称会面难，一举累十觞。
shí shāng yì bù zuì gǎn zǐ gù yì cháng
十觞亦不醉，感子故意长。
míng rì gé shān yuè shì shì liǎng máng máng
明日隔山岳，世事两茫茫。

mèng lǐ bái èr shǒu zhī yī

梦李白二首之一

dù fǔ

杜甫

sǐ bié yǐ tūn shēng，shēng bié cháng cè cè

死别已吞声，生别常恻恻。

jiāng nán zhàng lì dì，zhú kè wú xiāo xi

江南瘴疠地，逐客无消息。

gù rén rù wǒ mèng，míng wǒ cháng xiāng yì

故人入我梦，明我长相忆。

kǒng fēi píng shēng hún，lù yuǎn bù kě cè

恐非平生魂，路远不可测。

hún lái fēng lín qīng，hún fǎn guān sài hēi

魂来枫林青，魂返关塞黑。

jūn jīn zài luó wǎng，hé yǐ yǒu yǔ yì

君今在罗网，何以有羽翼。

luò yuè mǎn wū liáng，yóu yí zhào yán sè

落月满屋梁，犹疑照颜色。

shuǐ shēn bō làng kuò，wú shǐ jiāo lóng dé

水深波浪阔，无使蛟龙得。

mèng lǐ bái èr shǒu zhī èr

梦李白二首之二

dù fǔ

杜甫

fú yún zhōng rì xíng, yóu zǐ jiǔ bù zhì.
浮云终日行，游子久不至。
sān yè pín mèng jūn, qíng qīn jiàn jūn yì.
三夜频梦君，情亲见君意。
gào guī cháng jú cù, kǔ dào lái bù yì.
告归常局促，苦道来不易。
jiāng hú duō fēng bō, zhōu jí kǒng shī zhuì.
江湖多风波，舟楫恐失坠。
chū mén sāo bái shǒu, ruò fù píng shēng zhì.
出门搔白首，若负平生志。
guān gài mǎn jīng huá, sī rén dú qiáo cuì.
冠盖满京华，斯人独憔悴。
shú yún wǎng huī huī, jiāng lǎo shēn fǎn lěi.
孰云网恢恢，将老身反累。
qiān qiū wàn suì míng, jì mò shēn hòu shì.
千秋万岁名，寂寞身后事。

qīng xī
青 溪

wáng wéi
王 维

yán rù huáng huā chuān měi zhú qīng xī shuǐ
言入黄花川，每逐青溪水。
suí shān jiāng wàn zhuǎn qū tú wú bǎi lǐ
随山将万转，趣（趋）途无百里。
shēng xuān luàn shí zhōng sè jìng shēn sōng lǐ
声喧乱石中，色静深松里。
yàng yàng fàn líng xìng chéng chéng yìng jiā wěi
漾漾泛菱荇，澄澄映葭苇。
wǒ xīn sù yǐ xián qīng chuān dàn rú cǐ
我心素已闲，清川澹如此。
qǐng liú pán shí shàng chuí diào jiāng yǐ yǐ
请留盘石上，垂钓将已矣。

wèi chuān tián jiā
渭川田家

wáng wéi
王　维

xié guāng zhào xū luò qióng xiàng niú yáng guī
斜光照墟落，穷巷牛羊归。
yě lǎo niàn mù tóng yǐ zhàng hòu jīng fēi
野老念牧童，倚杖候荆扉。
zhì gòu mài miáo xiù cán mián sāng yè xī
雉雊麦苗秀，蚕眠桑叶稀。
tián fū hè chú lì xiāng jiàn yǔ yī yī
田夫荷锄立，相见语依依。
jí cǐ xiàn xián yì chàng rán yín shì wēi
即此羡闲逸，怅然吟式微。

qiū dēng lán shān jì zhāng wǔ

秋登兰山寄张五

mèng hào rán

孟浩然

běi shān bái yún lǐ, yǐn zhě zì yí yuè

北山白云里，隐者自怡悦。

xiāng wàng shǐ dēng gāo, xīn suí yàn fēi miè

相望始登高，心随雁飞灭。

chóu yīn bó mù qǐ, xìng shì qīng qiū fā

愁因薄暮起，兴是清秋发。

shí jiàn guī cūn rén, shā xíng dù tóu xiē

时见归村人，沙行渡头歇。

tiān biān shù ruò jì, jiāng pàn zhōu rú yuè

天边树若荠，江畔洲如月。

hé dāng zài jiǔ lái, gòng zuì chóng yáng jié

何当载酒来，共醉重阳节。

sòng bié
送 别

wáng wéi
王 维

xià mǎ yǐn jūn jiǔ wèn jūn hé suǒ zhī
下马饮君酒，问君何所之。
jūn yán bù dé yì guī wò nán shān chuí
君言不得意，归卧南山陲。
dàn qù mò fù wèn bái yún wú jìn shí
但去莫复问，白云无尽时。

xià rì nán tíng huái xīn dà
夏日南亭怀辛大

mèng hào rán
孟浩然

shān guāng hū xī luò chí yuè jiàn dōng shàng
山光忽西落，池月渐东上。
sàn fà chéng yè liáng kāi xuān wò xián chǎng
散发乘夜凉，开轩卧闲敞。
hé fēng sòng xiāng qì zhú lù dī qīng xiǎng
荷风送香气，竹露滴清响。
yù qǔ míng qín tán hèn wú zhī yīn shǎng
欲取鸣琴弹，恨无知音赏。
gǎn cǐ huái gù rén zhōng xiāo láo mèng xiǎng
感此怀故人，中宵劳梦想。

sù yè shī shān fáng dài dīng dà bù zhì

宿业师山房待丁大不至

mèng hào rán

孟浩然

xī yáng dù xī lǐng，qún hè shū yǐ míng

夕阳度西岭，群壑倏已暝。

sōng yuè shēng yè liáng，fēng quán mǎn qīng tīng

松月生夜凉，风泉满清听。

qiáo rén guī yù jìn，yān niǎo qī chū dìng

樵人归欲尽，烟鸟栖初定。

zhī zǐ qī sù lái，gū qín hòu luó jìng

之子期宿来，孤琴候萝径。

tóng cóng dì nán zhāi wán yuè yì shān yīn cuī shào fǔ

同从弟南斋玩月忆山阴崔少府

wáng chāng líng

王昌龄

gāo wò nán zhāi shí，kāi wéi yuè chū tǔ

高卧南斋时，开帷月初吐。

qīng huī dàn shuǐ mù，yǎn yàng zài chuāng hu

清辉淡水木，演漾在窗户。

rěn rǎn jǐ yíng xū，chéngchéng biàn jīn gǔ

荏苒几盈虚，澄澄变今古。

měi rén qīng jiāng pàn，shì yè yuè yín kǔ

美人清江畔，是夜越吟苦。

qiān lǐ qí rú hé，wēi fēng chuī lán dù

千里其如何，微风吹兰杜。

寻西山隐者不遇

xún xī shān yǐn zhě bù yù

邱为

qiū wéi

jué dǐng yī máo cí, zhí shàng sān shí lǐ.
绝顶一茅茨，直上三十里。
kòu guān wú tóng pú, kuī shì wéi àn jī.
扣关无僮仆，窥室惟案几。
ruò fēi jīn chái chē, yīng shì diào qiū shuǐ.
若非巾柴车，应是钓秋水。
chā chí bù xiāng jiàn, mǐn miǎn kōng yǎng zhǐ.
差池不相见，黾勉空仰止。
cǎo sè xīn yǔ zhōng, sōng shēng wǎn chuāng lǐ.
草色新雨中，松声晚窗里。
jí zī qì yōu jué, zì zú dàng xīn ěr.
及兹契幽绝，自足荡心耳。
suī wú bīn zhǔ yì, pō dé qīng jìng lǐ.
虽无宾主意，颇得清净理。
xìng jìn fāng xià shān, hé bì dài zhī zǐ.
兴尽方下山，何必待之子。

春泛若耶溪

綦毋潜

幽意无断绝，此去随所偶。
晚风吹行舟，花路入溪口。
际夜转西壑，隔山望南斗。
潭烟飞溶溶，林月低向后。
生事且弥漫，愿为持竿叟。

宿王昌龄隐居

常建

清溪深不测，隐处惟孤云。
松际露微月，清光犹为君。
茅亭宿花影，药院滋苔纹。
余亦谢时去，西山鸾鹤群。

chū fā yáng zǐ jì yuán dà jiào shū

初发扬子寄元大校书

wéi yīng wù

韦应物

qī qī qù qīn ài fàn fàn rù yān wù
凄凄去亲爱，泛泛入烟雾。
guī zhào luò yáng rén cán zhōng guǎng líng shù
归棹洛阳人，残钟广陵树。
jīn zhāo cǐ wèi bié hé chù hái xiāng yù
今朝此为别，何处还相遇。
shì shì bō shàng zhōu yán huí ān dé zhù
世事波上舟，沿洄安得住？

jì quán jiāo shān zhōng dào shì

寄全椒山中道士

wéi yīng wù

韦应物

jīn zhāo jùn zhāi lěng hū niàn shān zhōng kè
今朝郡斋冷，忽念山中客。
jiàn dǐ shù jīng xīn guī lái zhǔ bái shí
涧底束荆薪，归来煮白石。
yù chí yī piáo jiǔ yuǎn wèi fēng yǔ xī
欲持一瓢酒，远慰风雨夕。
luò yè mǎn kōng shān hé chù xún xíng jì
落叶满空山，何处寻行迹。

cháng ān yù féng zhù

长安遇冯著

wéi yīng wù

韦应物

kè cóng dōng fāng lái yī shàng bà líng yǔ
客从东方来，衣上灞陵雨。
wèn kè hé wèi lái cǎi shān yīn mǎi fǔ
问客何为来，采山因买斧。
míng míng huā zhèng kāi yáng yáng yàn xīn rǔ
冥冥花正开，飏飏燕新乳。
zuó bié jīn yǐ chūn bìn sī shēng jǐ lǚ
昨别今已春，鬓丝生几缕？

xī cì xū yí xiàn

夕次盱眙县

wéi yīng wù

韦应物

luò fān dòu huái zhèn tíng fǎng lín gū yì
落帆逗淮镇，停舫临孤驿。
hào hào fēng qǐ bō míng míng rì chén xī
浩浩风起波，冥冥日沉夕。
rén guī shān guō àn yàn xià lú zhōu bái
人归山郭暗，雁下芦洲白。
dú yè yì qín guān tīng zhōng wèi mián kè
独夜忆秦关，听钟未眠客。

dōng jiāo
东　郊

wéi yīng wù
韦应物

lì shè jú zhōng nián, chū jiāo kuàng qīng shǔ.
吏舍跼终年，出郊旷清曙。
yáng liǔ sàn hé fēng, qīng shān dàn wú lǜ.
杨柳散和风，青山澹吾虑。
yī cóng shì zì qì, yuán jiàn huán fù qù.
依丛适自憩，缘涧还复去。
wēi yǔ ǎi fāng yuán, chūn jiū míng hé chù.
微雨霭芳原，春鸠鸣何处。
lè yōu xīn lǚ zhǐ, zūn shì jì yóu jù.
乐幽心屡止，遵事迹犹遽。
zhōng bà sī jié lú, mù táo zhēn kě shù.
终罢斯结庐，慕陶真可庶。

chén yì chāo shī yuàn dú chán jīng

晨诣超师院读禅经

liǔ zōng yuán

柳宗元

jí jǐng shù hán chǐ qīng xīn fú chén fú

汲井漱寒齿，清心拂尘服。

xián chí bèi yè shū bù chū dōng zhāi dú

闲持贝叶书，步出东斋读。

zhēn yuán liǎo wú qǔ wàng jì shì suǒ zhú

真源了无取，妄迹世所逐。

yí yán jì kě míng shàn xìng hé yóu shú

遗言冀可冥，缮性何由熟。

dào rén tíng yǔ jìng tái sè lián shēn zhú

道人庭宇静，苔色连深竹。

rì chū wù lù yú qīng sōng rú gāo mù

日出雾露余，青松如膏沐。

dàn rán lí yán shuō wù yuè xīn zì zú

澹然离言说，悟悦心自足。

xī jū
溪 居

liǔ zōng yuán
柳 宗 元

jiǔ wéi zān zǔ shù xìng cǐ nán yí zhé
久为簪组束，幸此南夷谪。
xián yī nóng pǔ lín ǒu sì shān lín kè
闲依农圃邻，偶似山林客。
xiǎo gēng fān lù cǎo yè bàng xiǎng xī shí
晓耕翻露草，夜榜（搒）响溪石。
lái wǎng bù féng rén cháng gē chǔ tiān bì
来往不逢人，长歌楚天碧。

táng shī xuǎn wǔ gǔ yuè fǔ

唐诗选——五古乐府

guān shān yuè

关山月

lǐ bái

李白

míng yuè chū tiān shān, cāng máng yún hǎi jiān.
明月出天山，苍茫云海间。
cháng fēng jǐ wàn lǐ, chuī dù yù mén guān.
长风几万里，吹度玉门关。
hàn xià bái dēng dào, hú kuī qīng hǎi wān.
汉下白登道，胡窥青海湾。
yóu lái zhēng zhàn dì, bù jiàn yǒu rén huán.
由来征战地，不见有人还。
shù kè wàng biān yì, sī guī duō kǔ yán.
戍客望边邑，思归多苦颜。
gāo lóu dāng cǐ yè, tàn xī wèi yīng xián.
高楼当此夜，叹息未应闲。

sài shàng qǔ

塞上曲

wáng chāng líng

王昌龄

chán míng kōng sāng lín, bā yuè xiāo guān dào.
蝉鸣空桑林，八月萧关道。
chū sài rù sài hán, chù chù huáng lú cǎo.
出塞入塞寒，处处黄芦草。
cóng lái yōu bìng kè, jiē gòng chén shā lǎo.
从来幽并客，皆共尘沙老。
mò xué yóu xiá ér, jīn kuā zǐ liú hǎo.
莫学游侠儿，矜夸紫骝好。

sài xià qǔ

塞下曲

wáng chāng líng

王昌龄

yǐn mǎ dù qiū shuǐ, shuǐ hán fēng sì dāo.
饮马度秋水，水寒风似刀。
píng shā rì wèi mò, àn àn jiàn lín táo.
平沙日未没，黯黯见临洮。
xī rì chángchéng zhàn, xián yán yì qì gāo.
昔日长城战，咸言意气高。
huáng chén zú jīn gǔ, bái gú luàn péng hāo.
黄尘足今古，白骨乱蓬蒿。

zǐ yè sì shí gē chūn gē

子夜四时歌 春歌

lǐ bái

李 白

qín dì luó fū nǚ, cǎi sāng lǜ shuǐ biān.
秦地罗敷女，采桑绿水边。
sù shǒu qīng tiáo shàng, hóngzhuāng bái rì xiān.
素手青条上，红妆白日鲜。
cán jī qiè yù qù, wǔ mǎ mò liú lián.
蚕饥妾欲去，五马莫留连。

zǐ yè sì shí gē xià gē

子夜四时歌 夏歌

lǐ bái

李 白

jìng hú sān bǎi lǐ, hàn dàn fā hé huā.
镜湖三百里，菡萏发荷花。
wǔ yuè xī shī cǎi, rén kàn ài ruò yē.
五月西施采，人看隘若耶。
huí zhōu bù dài yuè, guī qù yuè wáng jiā.
回舟不待月，归去越王家。

zǐ yè sì shí gē　qiū gē
子夜四时歌　秋歌

lǐ bái
李　白

cháng ān yī piàn yuè　wàn hù dǎo yī shēng
长安一片月，万户捣衣声。
qiū fēng chuī bù jìn　zǒng shì yù guān qíng
秋风吹不尽，总是玉关情。
hé rì píng hú lǔ　liáng rén bà yuǎn zhēng
何日平胡虏，良人罢远征？

zǐ yè sì shí gē　dōng gē
子夜四时歌　冬歌

lǐ bái
李　白

míng zhāo yì shǐ fā　yī yè xù zhēng páo
明朝驿使发，一夜絮征袍。
sù shǒu chōu zhēn lěng　nǎ kān bǎ jiǎn dāo
素手抽针冷，那（哪）堪把剪刀。
cái féng jì yuǎn dào　jǐ rì dào lín táo
裁缝寄远道，几日到临洮？

cháng gān xíng
长干行

lǐ bái
李白

qiè fà chū fù é, zhé huā mén qián jù.
妾发初覆额，折花门前剧。
láng qí zhú mǎ lái, rào chuáng nòng qīng méi.
郎骑竹马来，绕床弄青梅。
tóng jū cháng gān lǐ, liǎng xiǎo wú xián cāi.
同居长干里，两小无嫌猜。
shí sì wéi jūn fù, xiū yán wèi cháng kāi.
十四为君妇，羞颜未尝开。
dī tóu xiàng àn bì, qiān huàn bù yī huí.
低头向暗壁，千唤不一回。
shí wǔ shǐ zhǎn méi, yuàn tóng chén yǔ huī.
十五始展眉，愿同尘与灰。
cháng cún bào zhù xìn, qǐ shàng wàng fū tái.
常存抱柱信，岂上望夫台。
shí liù jūn yuǎn xíng, qú táng yàn yù duī.
十六君远行，瞿塘滟滪堆。
wǔ yuè bù kě chù, yuán míng tiān shàng āi.
五月不可触，猿鸣天上哀。
mén qián chí xíng jì, yī yī shēng lǜ tái.
门前迟行迹，一一生绿苔。

tái shēn bù néng sǎo luò yè qiū fēng zǎo
苔深不能扫，落叶秋风早。
bā yuè hú dié huáng shuāng fēi xī yuán cǎo
八月蝴蝶黄，双飞西园草。
gǎn cǐ shāng qiè xīn zuò chóu hóng yán lǎo
感此伤妾心，坐愁红颜老。
zǎo wǎn xià sān bā yù jiāng shū bào jiā
早晚下三巴，预将书报家。
xiāng yíng bù dào yuǎn zhí zhì cháng fēng shā
相迎不道远，直至长风沙。

liè nǚ cāo
列女操

mèng jiāo
孟郊

wú tóng xiāng dài lǎo yuān yāng huì shuāng sǐ
梧桐相待老，鸳鸯会双死。
zhēn fù guì xùn fū shě shēng yì rú cǐ
贞妇贵殉夫，舍生亦如此。
bō lán shì bù qǐ qiè xīn jǐng zhōng shuǐ
波澜誓不起，妾心井中水。

唐诗选——七言古诗

táng shī xuǎn qī yán gǔ shī

登幽州台歌

dēng yōu zhōu tái gē

陈子昂

chén zǐ áng

qián bù jiàn gǔ rén
前不见古人，
hòu bù jiàn lái zhě
后不见来者。
niàn tiān dì zhī yōu yōu
念天地之悠悠，
dú chuàng rán ér tì xià
独怆然而涕下。

gǔ yì
古意

lǐ qí
李颀

nán ér shì chángzhēng
男儿事长征，
shào xiǎo yōu yān kè
少小幽燕客。
dǔ shèng mǎ tí xià
赌胜马蹄下，
yóu lái qīng qī chǐ
由来轻七尺。
shā rén mò gǎn qián
杀人莫敢前，
xū rú wèi máo zhé
须如猬毛磔。
huáng yún lǒng dǐ bái xuě fēi
黄云陇底白雪飞，
wèi dé bào ēn bù néng guī
未得报恩不能归。
liáo dōng xiǎo fù nián shí wǔ
辽东小妇年十五，
guàn dàn pí pá jiě gē wǔ
惯弹琵琶解歌舞。
jīn wéi qiāng dí chū sài shēng
今为羌笛出塞声，
shǐ wǒ sān jūn lèi rú yǔ
使我三军泪如雨。

qín gē
琴歌

lǐ qí
李颀

zhǔ rén yǒu jiǔ huān jīn xī
主人有酒欢今夕，
qǐng zòu míng qín guǎng líng kè
请奏鸣琴广陵客。
yuè zhào chéng tóu wū bàn fēi
月照城头乌半飞，
shuāng qī wàn shù fēng rù yī
霜凄万树风入衣。
tóng lú huá zhú zhú zēng huī
铜炉华烛烛增辉，
chū tán lù shuǐ hòu chǔ fēi
初弹渌水后楚妃。
yī shēng yǐ dòng wù jiē jìng
一声已动物皆静，
sì zuò wú yán xīng yù xī
四座无言星欲稀。
qīng huái fèng shǐ qiān yú lǐ
清淮奉使千余里，
gǎn gào yún shān cóng cǐ shǐ
敢告云山从此始。

tīng dǒng dà tán hú jiā nòng jiān jì yǔ fáng jǐ shì

听董大弹胡笳弄兼寄语房给事

lǐ qí

李颀

cài nǚ xī zào hú jiā shēng,
蔡女昔造胡笳声，
yī tán yī shí yǒu bā pāi。
一弹一十有八拍。
hú rén luò lèi zhān biān cǎo,
胡人落泪沾边草，
hàn shǐ duàn cháng duì guī kè。
汉使断肠对归客。
gǔ shù cāng cāng fēng huǒ hán,
古戍苍苍烽火寒，
dà huāng chén chén fēi xuě bái。
大荒沉沉飞雪白。
xiān fú shāng xián hòu jué yǔ,
先拂商弦后角羽，
sì jiāo qiū yè jīng shè shè。
四郊秋叶惊摵摵。
dǒng fū zǐ, tōng shén míng,
董夫子，通神明，
shēn shān qiè tīng lái yāo jing。
深山窃听来妖精。
yán chí gēng sù jiē yìng shǒu,
言迟更速皆应手，

jiāng wǎng fù xuán rú yǒu qíng
将往复旋如有情。
kōng shān bǎi niǎo sàn huán hé
空山百鸟散还合，
wàn lǐ fú yún yīn qiě qíng
万里浮云阴且晴。
sī suān chú yàn shī qún yè
嘶酸雏雁失群夜，
duàn jué hú ér liàn mǔ shēng
断绝胡儿恋母声。
chuān wéi jìng qí bō
川为静其波，
niǎo yì bà qí míng
鸟亦罢其鸣。
wū sūn bù luò jiā xiāng yuǎn
乌孙部落家乡远，
luó suō shā chén āi yuàn shēng
逻娑沙尘哀怨生。
yōu yīn biàn diào hū piāo sǎ
幽音变调忽飘洒，
cháng fēng chuī lín yǔ duò wǎ
长风吹林雨堕瓦。
bèng quán sà sà fēi mù mò
迸泉飒飒飞木末，
yě lù yōu yōu zǒu táng xià
野鹿呦呦走堂下。
cháng ān chéng lián dōng yè yuán
长安城连东掖垣，

fèng huáng chí duì qīng suǒ mén
凤凰池对青琐门。
gāo cái tuō lüè míng yǔ lì
高才脱略名与利，
rì xī wàng jūn bào qín zhì
日夕望君抱琴至。

yè guī lù mén shān gē
夜归鹿门山歌

mèng hào rán
孟浩然

shān sì zhōng míng zhòu yǐ hūn
山寺钟鸣昼已昏，
yú liáng dù tóu zhēng dù xuān
渔梁渡头争渡喧。
rén suí shā àn xiàng jiāng cūn
人随沙岸向江村，
yú yì chéng zhōu guī lù mén
余亦乘舟归鹿门。
lù mén yuè zhào kāi yān shù
鹿门月照开烟树，
hū dào páng gōng qī yǐn chù
忽到庞公栖隐处。
yán fēi sōng jìng cháng jì liáo
岩扉松径长寂寥，
wéi yǒu yōu rén zì lái qù
唯有幽人自来去。

lú shān yáo jì lú shì yù xū zhōu

庐山谣寄卢侍御虚舟

lǐ bái

李　白

wǒ běn chǔ kuáng rén
我本楚狂人，
fèng gē xiào kǒng qiū
凤歌笑孔丘。
shǒu chí lǜ yù zhàng
手持绿玉杖，
zhāo bié huáng hè lóu
朝别黄鹤楼。
wǔ yuè xún xiān bù cí yuǎn
五岳寻仙不辞远，
yī shēng hào rù míng shān yóu
一生好入名山游。
lú shān xiù chū nán dǒu páng
庐山秀出南斗傍(旁)，
píng fēng jiǔ dié yún jǐn zhāng
屏风九叠云锦张，
yǐng luò míng hú qīng dài guāng
影落明湖青黛光。
jīn què qián kāi èr fēng cháng
金阙前开二峰长，
yín hé dào guà sān shí liáng
银河倒挂三石梁。

xiāng lú pù bù yáo xiāng wàng
香炉瀑布遥相望，
huí yá tà zhàng líng cāng cāng
迴崖沓嶂凌苍苍。
cuì yǐng hóng xiá yìng zhāo rì
翠影红霞映朝日，
niǎo fēi bù dào wú tiān cháng
鸟飞不到吴天长。
dēng gāo zhuàng guān tiān dì jiān
登高壮观天地间，
dà jiāng máng máng qù bù huán
大江茫茫去不还。
huáng yún wàn lǐ dòng fēng sè
黄云万里动风色，
bái bō jiǔ dào liú xuě shān
白波九道流雪山。
hào wéi lú shān yáo
好为庐山谣，
xìng yīn lú shān fā
兴因庐山发。
xián kūi shí jìng qīng wǒ xīn
闲窥石镜清我心，
xiè gōng xíng chù cāng tái mò
谢公行处苍苔没。
zǎo fú huán dān wú shì qíng
早服还丹无世情，
qín xīn sān dié dào chū chéng
琴心三叠道初成。

yáo jiàn xiān rén cǎi yún lǐ
遥见仙人彩云里，
shǒu bǎ fú róng cháo yù jīng
手把芙蓉朝玉京。
xiān qī hàn màn jiǔ gāi shàng
先期汗漫九垓上，
yuàn jiē lú áo yóu tài qīng
愿接卢敖游太清。

mèng yóu tiān mǔ yín liú bié
梦游天姥吟留别

lǐ bái
李白

hǎi kè tán yíng zhōu
海客谈瀛洲，
yān tāo wēi máng xìn nán qiú
烟涛微茫信难求。
yuè rén yǔ tiān mǔ
越人语天姥，
yún ní míng miè huò kě dǔ
云霓明灭或可睹。
tiān mǔ lián tiān xiàng tiān héng
天姥连天向天横，
shì bá wǔ yuè yǎn chì chéng
势拔五岳掩赤城。

tiān tái sì wàn bā qiān zhàng
天台四万八千丈，
duì cǐ yù dǎo dōng nán qīng
对此欲倒东南倾。
wǒ yù yīn zhī mèng wú yuè
我欲因之梦吴越，
yī yè fēi dù jìng hú yuè
一夜飞度镜湖月。
hú yuè zhào wǒ yǐng
湖月照我影，
sòng wǒ zhì shàn xī
送我至剡溪。
xiè gōng sù chù jīn shàng zài
谢公宿处今尚在，
lù shuǐ dàng yàng qīng yuán tí
渌水荡漾清猿啼。
jiǎo zhuó xiè gōng jī
脚著谢公屐，
shēn dēng qīng yún tī
身登青云梯。
bàn bì jiàn hǎi rì
半壁见海日，
kōng zhōng wén tiān jī
空中闻天鸡。
qiān yán wàn hè lù bù dìng
千岩万壑路不定，
mí huā yǐ shí hū yǐ míng
迷花倚石忽已暝。

xióng páo lóng yín yǐn yán quán
熊咆龙吟殷岩泉，
lì shēn lín xī jīng céng diān
栗深林兮惊层巅。
yún qīng qīng xī yù yǔ
云青青兮欲雨，
shuǐ dàn dàn xī shēng yān
水澹澹兮生烟。
liè quē pī lì
列缺霹雳，
qiū luán bēng cuī
丘峦崩摧。
dòng tiān shí fēi
洞天石扉，
hōng rán zhōng kāi
訇然中开。
qīng míng hào dàng bù jiàn dǐ
青冥浩荡不见底，
rì yuè zhào yào jīn yín tái
日月照耀金银台。
ní wéi yī xī fēng wéi mǎ
霓为衣兮风为马，
yún zhī jūn xī fēn fēn ér lái xià
云之君兮纷纷而来下。
hǔ gǔ sè xī luán huí chē
虎鼓瑟兮鸾回车，
xiān zhī rén xī liè rú má
仙之人兮列如麻。

hū hún jì yǐ pò dòng
忽魂悸以魄动，
huǎng jīng qǐ ér cháng jiē
恍惊起而长嗟。
wéi jué shí zhī zhěn xí
惟觉时之枕席，
shī xiàng lái zhī yān xiá
失向来之烟霞。
shì jiān xíng lè yì rú cǐ
世间行乐亦如此，
gǔ lái wàn shì dōng liú shuǐ
古来万事东流水。
bié jūn qù xī hé shí huán
别君去兮何时还，
qiě fàng bái lù qīng yá jiān
且放白鹿青崖间，
xū xíng jí qí fǎng míng shān
须行即骑访名山。
ān néng cuī méi zhé yāo shì quán guì
安能摧眉折腰事权贵，
shǐ wǒ bù dé kāi xīn yán
使我不得开心颜。

jīn líng jiǔ sì liú bié

金陵酒肆留别

lǐ bái

李 白

fēng chuī liǔ huā mǎn diàn xiāng
风 吹 柳 花 满 店 香，
wú jī yā jiǔ quàn kè cháng
吴 姬 压 酒 劝 客 尝。
jīn líng zǐ dì lái xiāng sòng
金 陵 子 弟 来 相 送，
yù xíng bù xíng gè jìn shāng
欲 行 不 行 各 尽 觞。
qǐng jūn shì wèn dōng liú shuǐ
请 君 试 问 东 流 水，
bié yì yǔ zhī shuí duǎn cháng
别 意 与 之 谁 短 长。

xuān zhōu xiè tiǎo lóu jiàn bié jiào shū shū yún

宣州谢朓楼饯别校书叔云

lǐ bái

李 白

qì wǒ qù zhě
弃 我 去 者，
zuó rì zhī rì bù kě liú
昨 日 之 日 不 可 留。

luàn wǒ xīn zhě
乱我心者，
jīn rì zhī rì duō fán yōu
今日之日多烦忧。
cháng fēng wàn lǐ sòng qiū yàn
长风万里送秋雁，
duì cǐ kě yǐ hān gāo lóu
对此可以酣高楼。
péng lái wén zhāng jiàn ān gǔ
蓬莱文章建安骨，
zhōng jiān xiǎo xiè yòu qīng fā
中间小谢又清发。
jù huái yì xìng zhuàng sī fēi
俱怀逸兴壮思飞，
yù shàng qīng tiān lǎn míng yuè
欲上青天览明月。
chōu dāo duàn shuǐ shuǐ gèng liú
抽刀断水水更流，
jǔ bēi xiāo chóu chóu gèng chóu
举杯销愁愁更愁。
rén shēng zài shì bù chèn yì
人生在世不称意，
míng zhāo sàn fà nòng piān zhōu
明朝散发弄扁舟。

zǒu mǎ chuān xíng fèng sòng fēng dà fū chū shī xī zhēng

走马川行奉送封大夫出师西征

cén shēn

岑 参

jūn bù jiàn zǒu mǎ chuān xíng xuě hǎi biān

君不见走马川行雪海边，

píng shā mǎng mǎng huáng rù tiān

平沙莽莽黄入天。

lún tái jiǔ yuè fēng yè hǒu

轮台九月风夜吼，

yī chuān suì shí dà rú dǒu

一川碎石大如斗，

suí fēng mǎn dì shí luàn zǒu

随风满地石乱走。

xiōng nú cǎo huáng mǎ zhèng féi

匈奴草黄马正肥，

jīn shān xī jiàn yān chén fēi

金山西见烟尘飞，

hàn jiā dà jiàng xī chū shī

汉家大将西出师。

jiāng jūn jīn jiǎ yè bù tuō

将军金甲夜不脱，

bàn yè jūn xíng gē xiāng bō

半夜军行戈相拨，

fēng tóu rú dāo miàn rú gē

风头如刀面如割。

mǎ máo dài xuě hàn qì zhēng
马毛带雪汗气蒸，
wǔ huā lián qián xuán zuò bīng
五花连钱旋作冰，
mù zhōng cǎo xí yàn shuǐ níng
幕中草檄砚水凝。
lǔ qí wén zhī yīng dǎn shè
虏骑闻之应胆慑，
liào zhī duǎn bīng bù gǎn jiē
料知短兵不敢接，
chē shī xī mén zhù xiàn jié
车师西门伫献捷。

bái xuě gē sòng wǔ pàn guān guī jīng
白雪歌送武判官归京

cén shēn
岑参

běi fēng juǎn dì bái cǎo zhé
北风卷地白草折，
hú tiān bā yuè jí fēi xuě
胡天八月即飞雪。
hū rú yī yè chūn fēng lái
忽如一夜春风来，
qiān shù wàn shù lí huā kāi
千树万树梨花开。

sǎn rù zhū lián shī luó mù
散入珠帘湿罗幕，
hú qiú bù nuǎn jǐn qīn bó
狐裘不暖锦衾薄。
jiāng jūn jiǎo gōng bù dé kòng
将军角弓不得控，
dū hù tiě yī lěng yóu zhuó
都护铁衣冷犹着。
hàn hǎi lán gān bǎi zhàng bīng
瀚海阑干百丈冰，
chóu yún cǎn dàn wàn lǐ níng
愁云惨淡万里凝。
zhōng jūn zhì jiǔ yǐn guī kè
中军置酒饮归客，
hú qín pí pá yǔ qiāng dí
胡琴琵琶与羌笛。
fēn fēn mù xuě xià yuán mén
纷纷暮雪下辕门，
fēng chè hóng qí dòng bù fān
风掣红旗冻不翻。
lún tái dōng mén sòng jūn qù
轮台东门送君去，
qù shí xuě mǎn tiān shān lù
去时雪满天山路。
shān huí lù zhuǎn bù jiàn jūn
山回路转不见君，
xuě shàng kōng liú mǎ xíng chù
雪上空留马行处。

gǔ bǎi xíng

古柏行

dù fǔ

杜甫

kǒng míng miào qián yǒu lǎo bǎi

孔明庙前有老柏，

kē rú qīng tóng gēn rú shí

柯如青铜根如石。

shuāng pí liū yǔ sì shí wéi

霜皮溜雨四十围，

dài sè cān tiān èr qiān chǐ

黛色参天二千尺。

jūn chén yǐ yǔ shí jì huì

君臣已与时际会，

shù mù yóu wéi rén ài xī

树木犹为人爱惜。

yún lái qì jiē wū xiá cháng

云来气接巫峡长，

yuè chū hán tōng xuě shān bái

月出寒通雪山白。

yì zuó lù rào jǐn tíng dōng

忆昨路绕锦亭东，

xiān zhǔ wǔ hóu tóng bì gōng

先主武侯同閟宫。

cuī wéi zhī gàn jiāo yuán gǔ

崔嵬枝干郊原古，

yǎo tiǎo dān qīng hù yǒu kōng
窈窕丹青户牖空。
luò luò pán jù suī dé dì
落落盘踞虽得地，
míng míng gū gāo duō liè fēng
冥冥孤高多烈风。
fú chí zì shì shén míng lì
扶持自是神明力，
zhèng zhí yuán yīn zào huà gōng
正直原因造化功。
dà shà rú qīng yào liáng dòng
大厦如倾要梁栋，
wàn niú huí shǒu qiū shān chóng
万牛回首丘山重。
bù lù wén zhāng shì yǐ jīng
不露文章世已惊，
wèi cí jiǎn fá shuí néng sòng
未辞剪伐谁能送。
kǔ xīn qǐ miǎn róng lóu yǐ
苦心岂免容蝼蚁，
xiāng yè céng jīng sù luán fèng
香叶曾经宿鸾凤。
zhì shì yōu rén mò yuàn jiē
志士幽人莫怨嗟，
gǔ lái cái dà nán wéi yòng
古来材大难为用。

guān gōng sūn dà niáng dì zǐ wǔ jiàn qì xíng

观公孙大娘弟子舞剑器行

dù fǔ

杜 甫

xī yǒu jiā rén gōng sūn shì
昔有佳人公孙氏，
yī wǔ jiàn qì dòng sì fāng
一舞剑器动四方。
guān zhě rú shān sè jǔ sàng
观者如山色沮丧，
tiān dì wéi zhī jiǔ dī áng
天地为之久低昂。
huò rú yì shè jiǔ rì luò
㸌如羿射九日落，
jiǎo rú qún dì cān lóng xiáng
矫如群帝骖龙翔。
lái rú léi tíng shōu zhèn nù
来如雷霆收震怒，
bà rú jiāng hǎi níng qīng guāng
罢如江海凝清光。
jiàng chún zhu xiù liǎng jì mò
绛唇珠袖两寂寞，
wǎn yǒu dì zǐ chuán fēn fāng
晚有弟子传芬芳。
lín yǐng měi rén zài bái dì
临颍美人在白帝，
miào wǔ cǐ qǔ shén yáng yáng
妙舞此曲神扬扬。

yǔ yú wèn dá jì yǒu yǐ
与余问答既有以，
gǎn shí fǔ shì zēng wǎn shāng
感时抚事增惋伤。
xiān dì shì nǚ bā qiān rén
先帝侍女八千人，
gōng sūn jiàn qì chū dì yī
公孙剑器初第一。
wǔ shí nián jiān sì fǎn zhǎng
五十年间似反掌，
fēng chén hòng dòng hūn wáng shì
风尘澒洞昏王室。
lí yuán zǐ dì sǎn rú yān
梨园子弟散如烟，
nǚ yuè yú zī yìng hán rì
女乐余姿映寒日。
jīn sù duī qián mù yǐ gǒng
金粟堆前木已拱，
qú táng shí chéng cǎo xiāo sè
瞿塘石城草萧瑟。
dài xián jí guǎn qǔ fù zhōng
玳弦急管曲复终，
lè jí āi lái yuè dōng chū
乐极哀来月东出。
lǎo fū bù zhī qí suǒ wǎng
老夫不知其所往，
zú jiǎn huāng shān zhuǎn chóu jí
足茧荒山转愁疾。

shí yú hú shàng zuì gē
石鱼湖上醉歌

yuán jié
元 结

shí yú hú sì dòng tíng
石 鱼 湖， 似 洞 庭，
xià shuǐ yù mǎn jūn shān qīng
夏 水 欲 满 君 山 青。
shān wéi zūn shuǐ wéi zhǎo
山 为 樽， 水 为 沼，
jiǔ tú lì lì zuò zhōu dǎo
酒 徒 历 历 坐 洲 岛。
cháng fēng lián rì zuò dà làng
长 风 连 日 作 大 浪，
bù néng fèi rén yùn jiǔ fǎng
不 能 废 人 运 酒 舫。
wǒ chí cháng piáo zuò bā qiū
我 持 长 瓢 坐 巴 丘，
zhuó yǐn sì zuò yǐ sàn chóu
酌 饮 四 座 以 散 愁。

shān shí
山石

hán yù
韩愈

shān shí luò què xíng jìng wēi
山石荦确行径微，
huáng hūn dào sì biān fú fēi
黄昏到寺蝙蝠飞。
shēng táng zuò jiē xīn yǔ zú
升堂坐阶新雨足，
bā jiāo yè dà zhī zi féi
芭蕉叶大支子肥。
sēng yán gǔ bì fó huà hǎo
僧言古壁佛画好，
yǐ huǒ lái zhào suǒ jiàn xī
以火来照所见稀。
pū chuáng fú xí zhì gēng fàn
铺床拂席置羹饭，
shū lì yì zú bǎo wǒ jī
疏粝亦足饱我饥。
yè shēn jìng wò bǎi chóng jué
夜深静卧百虫绝，
qīng yuè chū lǐng guāng rù fēi
清月出岭光入扉。
tiān míng dú qù wú dào lù
天明独去无道路，

chū rù gāo xià qióng yān fēi
出入高下穷烟霏。
shān hóng jiàn bì fēn làn màn
山红涧碧纷烂漫，
shí jiàn sōng lì jiē shí wéi
时见松枥皆十围。
dāng liú chì zú tà jiàn shí
当流赤足蹋涧石，
shuǐ shēng jī jī fēng shēng yī
水声激激风生衣。
rén shēng rú cǐ zì kě lè
人生如此自可乐，
qǐ bì jú shù wéi rén jī
岂必局束为人鞿。
jiē zāi wú dǎng èr sān zǐ
嗟哉吾党二三子，
ān dé zhì lǎo bù gèng guī
安得至老不更归。

yú wēng
渔翁

liǔ zōng yuán
柳宗元

yú wēng yè bàng xī yán sù
渔翁夜傍西岩宿，

xiǎo jí qīng xiāng rán chǔ zhú
晓汲清湘燃楚竹。
yān xiāo rì chū bù jiàn rén
烟销日出不见人，
ǎi nǎi yī shēng shān shuǐ lǜ
欸乃一声山水绿。
huí kàn tiān jì xià zhōng liú
回看天际下中流，
yán shàng wú xīn yún xiāng zhú
岩上无心云相逐。

cháng hèn gē
长恨歌

bái jū yì
白居易

hàn huáng zhóng sè sī qīng guó
汉皇重色思倾国，
yù yǔ duō nián qiú bù dé
御宇多年求不得。
yáng jiā yǒu nǚ chū zhǎng chéng
杨家有女初长成，
yǎng zài shēn guī rén wèi shí
养在深闺人未识。
tiān shēng lì zhì nán zì qì
天生丽质难自弃，

yī zhāo xuǎn zài jūn wáng cè
一朝选在君王侧。
huí móu yī xiào bǎi mèi shēng
回眸一笑百媚生，
liù gōng fěn dài wú yán sè
六宫粉黛无颜色。
chūn hán cì yù huá qīng chí
春寒赐浴华清池，
wēn quán shuǐ huá xǐ níng zhī
温泉水滑洗凝脂。
shì ér fú qǐ jiāo wú lì
侍儿扶起娇无力，
shǐ shì xīn chéng ēn zé shí
始是新承恩泽时。
yún bìn huā yán jīn bù yáo
云鬓花颜金步摇，
fú róng zhàng nuǎn dù chūn xiāo
芙蓉帐暖度春宵。
chūn xiāo kǔ duǎn rì gāo qǐ
春宵苦短日高起，
cóng cǐ jūn wáng bù zǎo cháo
从此君王不早朝。
chéng huān shì yàn wú xián xiá
承欢侍宴无闲暇，
chūn cóng chūn yóu yè zhuān yè
春从春游夜专夜。
hòu gōng jiā lì sān qiān rén
后宫佳丽三千人，

sān qiān chǒng ài zài yī shēn

三千宠爱在一身。

jīn wū zhuāng chéng jiāo shì yè

金屋妆成娇侍夜，

yù lóu yàn bà zuì hé chūn

玉楼宴罢醉和春。

zǐ mèi dì xiōng jiē liè shì

姊妹弟兄皆列士，

kě lián guāng cǎi shēng mén hù

可怜光彩生门户。

suì lìng tiān xià fù mǔ xīn

遂令天下父母心，

bù zhòng shēng nán zhòng shēng nǚ

不重生男重生女。

lí gōng gāo chù rù qīng yún

骊宫高处入青云，

xiān yuè fēng piāo chù chù wén

仙乐风飘处处闻。

huǎn gē màn wǔ níng sī zhú

缓歌慢舞凝丝竹，

jìn rì jūn wáng kàn bù zú

尽日君王看不足。

yú yáng pí gǔ dòng dì lái

渔阳鼙鼓动地来，

jīng pò ní cháng yǔ yī qǔ

惊破霓裳羽衣曲。

jiǔ chóng chéng què yān chén shēng

九重城阙烟尘生，

qiān shèng wàn qí xī nán xíng
千乘万骑西南行。
cuì huá yáo yáo xíng fù zhǐ
翠华摇摇行复止，
xī chū dū mén bǎi yú lǐ
西出都门百余里。
liù jūn bù fā wú nài hé
六军不发无奈何，
wǎn zhuǎn é méi mǎ qián sǐ
宛转蛾眉马前死。
huā diàn wěi dì wú rén shōu
花钿委地无人收，
cuì qiào jīn què yù sāo tóu
翠翘金雀玉搔头。
jūn wáng yǎn miàn jiù bù dé
君王掩面救不得，
huí kàn xuè lèi xiāng hè liú
回看血泪相和流。
huáng āi sǎn màn fēng xiāo suǒ
黄埃散漫风萧索，
yún zhàn yíng yū dēng jiàn gé
云栈萦纡登剑阁。
é méi shān xià shǎo rén xíng
峨嵋山下少人行，
jīng qí wú guāng rì sè bó
旌旗无光日色薄。
shǔ jiāng shuǐ bì shǔ shān qīng
蜀江水碧蜀山青，

shèng zhǔ zhāo zhāo mù mù qíng
圣主朝朝暮暮情。
xíng gōng jiàn yuè shāng xīn sè
行宫见月伤心色，
yè yǔ wén líng cháng duàn shēng
夜雨闻铃肠断声。
tiān xuán dì zhuǎn huí lóng yù
天旋地转回龙驭，
dào cǐ chóu chú bù néng qù
到此踌躇不能去。
mǎ wéi pō xià ní tǔ zhōng
马嵬坡下泥土中，
bù jiàn yù yán kōng sǐ chù
不见玉颜空死处。
jūn chén xiāng gù jìn zhān yī
君臣相顾尽沾衣，
dōng wàng dū mén xìn mǎ guī
东望都门信马归。
guī lái chí yuàn jiē yī jiù
归来池苑皆依旧，
tài yè fú róng wèi yāng liǔ
太液芙蓉未央柳。
fú róng rú miàn liǔ rú méi
芙蓉如面柳如眉，
duì cǐ rú hé bù lèi chuí
对此如何不泪垂？
chūn fēng táo lǐ huā kāi rì
春风桃李花开日，

qiū yǔ wú tóng yè luò shí

秋雨梧桐叶落时。

xī gōng nán nèi duō qiū cǎo

西宫南内多秋草，

luò yè mǎn jiē hóng bù sǎo

落叶满阶红不扫。

lí yuán zǐ dì bái fà xīn

梨园子弟白发新，

jiāo fáng ā jiān qīng é lǎo

椒房阿监青娥老。

xī diàn yíng fēi sī qiāo rán

夕殿萤飞思悄然，

gū dēng tiǎo jìn wèi chéng mián

孤灯挑尽未成眠。

chí chí zhōng gǔ chū cháng yè

迟迟钟鼓初长夜，

gěng gěng xīng hé yù shǔ tiān

耿耿星河欲曙天。

yuān yāng wǎ lěng shuāng huá zhòng

鸳鸯瓦冷霜华重，

fěi cuì qīn hán shuí yǔ gòng

翡翠衾寒谁与共。

yōu yōu shēng sǐ bié jīng nián

悠悠生死别经年，

hún pò bù céng lái rù mèng

魂魄不曾来入梦。

lín qióng dào shì hóng dū kè

临邛道士鸿都客，

néng yǐ jīng chéng zhì hún pò
能以精诚致魂魄。
wèi gǎn jūn wáng zhǎn zhuǎn sī
为感君王辗转思，
suì jiào fāng shì yīn qín mì
遂教方士殷勤觅。
pái kōng yù qì bēn rú diàn
排空驭气奔如电，
shēng tiān rù dì qiú zhī biàn
升天入地求之遍。
shàng qióng bì luò xià huáng quán
上穷碧落下黄泉，
liǎng chù máng máng jiē bù jiàn
两处茫茫皆不见。
hū wén hǎi shàng yǒu xiān shān
忽闻海上有仙山，
shān zài xū wú piāo miǎo jiān
山在虚无缥缈间。
lóu gé líng lóng wǔ yún qǐ
楼阁玲珑五云起，
qí zhōng chuò yuē duō xiān zǐ
其中绰约多仙子。
zhōng yǒu yī rén zì tài zhēn
中有一人字太真，
xuě fū huā mào cēn cī shì
雪肤花貌参差是。
jīn què xī xiāng kòu yù jiōng
金阙西厢叩玉扃，

zhuǎn jiào xiǎo yù bào shuāng chéng
转教小玉报双成。

wén dào hàn jiā tiān zǐ shǐ
闻道汉家天子使，

jiǔ huá zhàng lǐ mèng hún jīng
九华帐里梦魂惊。

lǎn yī tuī zhěn qǐ pái huái
揽衣推枕起徘徊，

zhū bó yín píng yǐ lǐ kāi
珠箔银屏迤逦开。

yún bìn bàn piān xīn shuì jué
云鬓半偏新睡觉，

huā guàn bù zhěng xià táng lái
花冠不整下堂来。

fēng chuī xiān mèi piāo piāo jǔ
风吹仙袂飘飘举，

yóu sì ní cháng yǔ yī wǔ
犹似霓裳羽衣舞。

yù róng jì mò lèi lán gān
玉容寂寞泪阑干，

lí huā yī zhī chūn dài yǔ
梨花一枝春带雨。

hán qíng níng dì xiè jūn wáng
含情凝睇谢君王，

yī bié yīn róng liǎng miǎo máng
一别音容两渺茫。

zhāo yáng diàn lǐ ēn ài jué
昭阳殿里恩爱绝，

péng lái gōng zhōng rì yuè cháng
蓬莱宫中日月长。
huí tóu xià wàng rén huán chù
回头下望人寰处，
bù jiàn cháng ān jiàn chén wù
不见长安见尘雾。
wéi jiāng jiù wù biǎo shēn qíng
惟将旧物表深情，
diàn hé jīn chāi jì jiāng qù
钿合金钗寄将去。
chāi liú yī gǔ hé yī shàn
钗留一股合一扇，
chāi bò huáng jīn hé fēn diàn
钗擘黄金合分钿。
dàn jiào xīn sì jīn diàn jiān
但教心似金钿坚，
tiān shàng rén jiān huì xiāng jiàn
天上人间会相见。
lín bié yīn qín chóng jì cí
临别殷勤重寄词，
cí zhōng yǒu shì liǎng xīn zhī
词中有誓两心知。
qī yuè qī rì cháng shēng diàn
七月七日长生殿，
yè bàn wú rén sī yǔ shí
夜半无人私语时。
zài tiān yuàn zuò bǐ yì niǎo
在天愿作比翼鸟，

zài dì yuàn wéi lián lǐ zhī
在地愿为连理枝。
tiān cháng dì jiǔ yǒu shí jìn
天长地久有时尽，
cǐ hèn mián mián wú jué qī
此恨绵绵无绝期。

pí pá xíng
琵琶行

bái jū yì
白居易

xún yáng jiāng tóu yè sòng kè
浔阳江头夜送客，
fēng yè dí huā qiū sè sè
枫叶荻花秋瑟瑟。
zhǔ rén xià mǎ kè zài chuán
主人下马客在船，
jǔ jiǔ yù yǐn wú guǎn xián
举酒欲饮无管弦。
zuì bù chéng huān cǎn jiāng bié
醉不成欢惨将别，
bié shí máng máng jiāng jìn yuè
别时茫茫江浸月。
hū wén shuǐ shàng pí pá shēng
忽闻水上琵琶声，

zhǔ rén wàng guī kè bù fā
主人忘归客不发。
xún shēng àn wèn tán zhě shuí
寻声暗问弹者谁，
pí pá shēng tíng yù yǔ chí
琵琶声停欲语迟。
yí chuán xiāng jìn yāo xiāng jiàn
移船相近邀相见，
tiān jiǔ huí dēng chóng kāi yàn
添酒回灯重开宴。
qiān hū wàn huàn shǐ chū lái
千呼万唤始出来，
yóu bào pí pá bàn zhē miàn
犹抱琵琶半遮面。
zhuǎn zhóu bō xián sān liǎng shēng
转轴拨弦三两声，
wèi chéng qǔ diào xiān yǒu qíng
未成曲调先有情。
xián xián yǎn yì shēng shēng sī
弦弦掩抑声声思，
sì sù píng shēng bù dé zhì
似诉平生不得志。
dī méi xìn shǒu xù xù tán
低眉信手续续弹，
shuō jìn xīn zhōng wú xiàn shì
说尽心中无限事。
qīng lǒng màn niǎn mǒ fù tiāo
轻拢慢撚抹复挑，

chū wèi ní cháng hòu liù yāo
初为霓裳后六幺。
dà xián cáo cáo rú jí yǔ
大弦嘈嘈如急雨，
xiǎo xián qiè qiè rú sī yǔ
小弦切切如私语。
cáo cáo qiè qiè cuò zá tán
嘈嘈切切错杂弹，
dà zhū xiǎo zhū luò yù pán
大珠小珠落玉盘。
jiān guān yīng yǔ huā dǐ huá
间关莺语花底滑，
yōu yè liú quán shuǐ xià tān
幽咽流泉水下滩。
shuǐ quán lěng sè xián níng jué
水泉冷涩弦凝绝，
níng jué bù tōng shēng jiàn xiē
凝绝不通声渐歇。
bié yǒu yōu chóu àn hèn shēng
别有幽愁暗恨生，
cǐ shí wú shēng shèng yǒu shēng
此时无声胜有声。
yín píng zhà pò shuǐ jiāng bèng
银瓶乍破水浆迸，
tiě qí tū chū dāo qiāng míng
铁骑突出刀枪鸣。
qǔ zhōng shōu bō dāng xīn huà
曲终收拨当心画，

sì xián yī shēng rú liè bó
四弦一声如裂帛。
dōng chuán xī fǎng qiāo wú yán
东船西舫悄无言，
wéi jiàn jiāng xīn qiū yuè bái
唯见江心秋月白。
chén yín fàng bō chā xián zhōng
沉吟放拨插弦中，
zhěng dùn yī shang qǐ liǎn róng
整顿衣裳起敛容。
zì yán běn shì jīng chéng nǚ
自言本是京城女，
jiā zài há má líng xià zhù
家在虾蟆陵下住。
shí sān xué dé pí pá chéng
十三学得琵琶成，
míng shǔ jiào fāng dì yī bù
名属教坊第一部。
qǔ bà cháng jiào shàn cái fú
曲罢常教善才服，
zhuāng chéng měi bèi qiū niáng dù
妆成每被秋娘妒。
wǔ líng nián shào zhēng chán tóu
五陵年少争缠头，
yī qǔ hóng xiāo bù zhī shù
一曲红绡不知数。
diàn tóu yín bì jī jié suì
钿头银篦击节碎，

xuè sè luó qún fān jiǔ wū
血色罗裙翻酒污。
jīn nián huān xiào fù míng nián
今年欢笑复明年，
qiū yuè chūn fēng děng xián dù
秋月春风等闲度。
dì zǒu cóng jūn ā yí sǐ
弟走从军阿姨死，
mù qù zhāo lái yán sè gù
暮去朝来颜色故。
mén qián lěng luò chē mǎ xī
门前冷落车马稀，
lǎo dà jià zuò shāng rén fù
老大嫁作商人妇。
shāng rén zhòng lì qīng bié lí
商人重利轻别离，
qián yuè fú liáng mǎi chá qù
前月浮梁买茶去。
qù lái jiāng kǒu shǒu kōng chuán
去来江口守空船，
rào cāng yuè míng jiāng shuǐ hán
绕舱月明江水寒。
yè shēn hū mèng shào nián shì
夜深忽梦少年事，
mèng tí zhuāng lèi hóng lán gān
梦啼妆泪红阑干。
wǒ wén pí pá yǐ tàn xī
我闻琵琶已叹息，

yòu wén cǐ yǔ chóng jī jī
又闻此语重唧唧。
tóng shì tiān yá lún luò rén
同是天涯沦落人，
xiāng féng hé bì céng xiāng shí
相逢何必曾相识。
wǒ cóng qù nián cí dì jīng
我从去年辞帝京，
zhé jū wò bìng xún yáng chéng
谪居卧病浔阳城。
xún yáng dì pì wú yīn yuè
浔阳地僻无音乐，
zhōng suì bù wén sī zhú shēng
终岁不闻丝竹声。
zhù jìn pén jiāng dì dī shī
住近湓江地低湿，
huáng lú kǔ zhú rào zhái shēng
黄芦苦竹绕宅生。
qí jiān dàn mù wén hé wù
其间旦暮闻何物，
dù juān tí xuè yuán āi míng
杜鹃啼血猿哀鸣。
chūn jiāng huā zhāo qiū yuè yè
春江花朝秋月夜，
wǎng wǎng qǔ jiǔ huán dú qīng
往往取酒还独倾。
qǐ wú shān gē yǔ cūn dí
岂无山歌与村笛，

ōu yā zhāo zhā nán wéi tīng
呕哑嘲哳难为听。
jīn yè wén jūn pí pá yǔ
今夜闻君琵琶语，
rú tīng xiān yuè ěr zàn míng
如听仙乐耳暂明。
mò cí gèng zuò tán yī qǔ
莫辞更坐弹一曲，
wèi jūn fān zuò pí pá xíng
为君翻作琵琶行。
gǎn wǒ cǐ yán liáng jiǔ lì
感我此言良久立，
què zuò cù xián xián zhuǎn jí
却坐促弦弦转急。
qī qī bù sì xiàng qián shēng
凄凄不似向前声，
mǎn zuò chóng wén jiē yǎn qì
满座重闻皆掩泣。
zuò zhōng qì xià shuí zuì duō
座中泣下谁最多，
jiāng zhōu sī mǎ qīng shān shī
江州司马青衫湿。

táng shī xuǎn —— qī gǔ yuè fǔ
唐诗选——七古乐府

yān gē xíng
燕歌行

gāo shì
高适

hàn jiā yān chén zài dōng běi
汉家烟尘在东北，
hàn jiàng cí jiā pò cán zéi
汉将辞家破残贼。
nán ér běn zì zhòng héng xíng
男儿本自重横行，
tiān zǐ fēi cháng cì yán sè
天子非常赐颜色。
chuāng jīn fá gǔ xià yú guān
摐金伐鼓下榆关，
jīng qí wēi yí jié shí jiān
旌旗逶迤碣石间。
xiào wèi yǔ shū fēi hàn hǎi
校尉羽书飞瀚海，
chán yú liè huǒ zhào láng shān
单于猎火照狼山。

shān chuān xiāo tiáo jí biān tǔ
山川萧条极边土，
hú jì píng líng zá fēng yǔ
胡骑凭陵杂风雨。
zhàn shì jūn qián bàn sǐ shēng
战士军前半死生，
měi rén zhàng xià yóu gē wǔ
美人帐下犹歌舞。
dà mò qióng qiū sài cǎo shuāi
大漠穷秋塞草衰，
gū chéng luò rì dòu bīng xī
孤城落日斗兵稀。
shēn dāng ēn yù cháng qīng dí
身当恩遇常轻敌，
lì jìn guān shān wèi jiě wéi
力尽关山未解围。
tiě yī yuǎn shù xīn qín jiǔ
铁衣远戍辛勤久，
yù zhù yīng tí bié lí hòu
玉箸应啼别离后。
shào fù chéng nán yù duàn cháng
少妇城南欲断肠，
zhēng rén jì běi kōng huí shǒu
征人蓟北空回首。
biān tíng piāo yáo nǎ kě dù
边庭飘摇那（哪）可度，
jué yù cāng máng gèng hé yǒu
绝域苍茫更何有？

shā qì sān shí zuò zhèn yún
杀气三时作阵云，
hán shēng yī yè chuán diāo dǒu
寒声一夜传刁斗。
xiāng kàn bái rèn xuè fēn fēn
相看白刃血纷纷，
sǐ jié cóng lái qǐ gù xūn
死节从来岂顾勋？
jūn bù jiàn shā chǎng zhēng zhàn kǔ
君不见沙场征战苦，
zhì jīn yóu yì lǐ jiāng jūn
至今犹忆李将军。

gǔ cóng jūn xíng

古从军行

lǐ qí

李 颀

bái rì dēng shān wàng fēng huǒ
白日登山望烽火，
huáng hūn yǐn mǎ bàng jiāo hé
黄昏饮马傍交河。
xíng rén diāo dǒu fēng shā àn
行人刁斗风沙暗，
gōng zhǔ pí pá yōu yuàn duō
公主琵琶幽怨多。
yě yíng wàn lǐ wú chéng guō
野营万里无城郭，
yǔ xuě fēn fēn lián dà mò
雨雪纷纷连大漠。
hú yàn āi míng yè yè fēi
胡雁哀鸣夜夜飞，
hú ér yǎn lèi shuāng shuāng luò
胡儿眼泪双双落。
wén dào yù mén yóu bèi zhē
闻道玉门犹被遮，
yīng jiāng xìng mìng zhú qīng chē
应将性命逐轻车。
nián nián zhàn gǔ mái huāng wài
年年战骨埋荒外，
kōng jiàn pú táo rù hàn jiā
空见蒲萄入汉家。

lǎo jiàng xíng
老将行

wáng wéi
王 维

shào nián shí wǔ èr shí shí
少年十五二十时，
bù xíng duó dé hú mǎ qí
步行夺得胡马骑。
shè shā shān zhōng bái é hǔ
射杀山中白额虎，
kěn shǔ yè xià huáng xū ér
肯数邺下黄须儿？
yī shēn zhuǎn zhàn sān qiān lǐ
一身转战三千里，
yī jiàn céng dāng bǎi wàn shī
一剑曾当百万师。
hàn bīng fèn xùn rú pī lì
汉兵奋迅如霹雳，
lǔ qí bēn téng wèi jí lí
虏骑奔腾畏蒺藜。
wèi qīng bù bài yóu tiān xìng
卫青不败由天幸，
lǐ guǎng wú gōng yuán shù jī
李广无功缘数奇。
zì cóng qì zhì biàn shuāi xiǔ
自从弃置便衰朽，

shì shì cuō tuó chéng bái shǒu
世事蹉跎成白首。
xī shí fēi què wú quán mù
昔时飞雀无全目，
jīn rì chuí yáng shēng zuǒ zhǒu
今日垂杨生左肘。
lù páng shí mài gù hóu guā
路旁时卖故侯瓜，
mén qián xué zhòng xiān shēng liǔ
门前学种先生柳。
cāng máng gǔ mù lián qióng xiàng
苍茫古木连穷巷，
liáo luò hán shān duì xū yǒu
寥落寒山对虚牖。
shì lìng shū lè chū fēi quán
誓令疏勒出飞泉，
bù sì yǐng chuān kōng shǐ jiǔ
不似颍川空使酒。
hè lán shān xià zhèn rú yún
贺兰山下阵如云，
yǔ xí jiāo chí rì xī wón
羽檄交驰日夕闻。
jié shǐ sān hé mù nián shào
节使三河募年少，
zhào shū wǔ dào chū jiāng jūn
诏书五道出将军。
shì fú tiě yī rú xuě sè
试拂铁衣如雪色，

liáo chí bǎo jiàn dòng xīng wén
聊持宝剑动星文。
yuàn dé yān gōng shè dà jiàng
愿得燕弓射大将，
chǐ lìng yuè jiǎ míng wú jūn
耻令越甲鸣吾君。
mò xián jiù rì yún zhōng shǒu
莫嫌旧日云中守，
yóu kān yī zhàn lì gōng xūn
犹堪一战立功勋。

táo yuán xíng

桃源行

wáng wéi

王维

yú zhōu zhú shuǐ ài shān chūn

渔舟逐水爱山春，

liǎng àn táo huā jiā gǔ jīn

两岸桃花夹古津。

zuò kàn hóng shù bù zhī yuǎn

坐看红树不知远，

xíng jìn qīng xī hū zhí rén

行尽青溪忽值人。

shān kǒu qián xíng shǐ wēi ào

山口潜行始隈隩，

shān kāi kuàng wàng xuán píng lù

山开旷望旋平陆。

yáo kàn yī chù cuán yún shù

遥看一处攒云树，

jìn rù qiān jiā sàn huā zhú

近入千家散花竹。

qiáo kè chū chuán hàn xìng míng

樵客初传汉姓名，

jū rén wèi gǎi qín yī fu

居人未改秦衣服。

jū rén gòng zhù wǔ líng yuán

居人共住武陵源，

huán cóng wù wài qǐ tián yuán
还从物外起田园。

yuè míng sōng xià fáng lóng jìng
月明松下房栊静，

rì chū yún zhōng jī quǎn xuān
日出云中鸡犬喧。

jīng wén sú kè zhēng lái jí
惊闻俗客争来集，

jìng yǐn huán jiā wèn dū yì
竞引还家问都邑。

píng míng lǘ xiàng sǎo huā kāi
平明闾巷扫花开，

bó mù yú qiáo chéng shuǐ rù
薄暮渔樵乘水入。

chū yīn bì dì qù rén jiān
初因避地去人间，

jí zhì chéng xiān suì bù huán
及至成仙遂不还。

xiá lǐ shuí zhī yǒu rén shì
峡里谁知有人事，

shì zhōng yáo wàng kōng yún shān
世中遥望空云山。

bù yí líng jìng nán wén jiàn
不疑灵境难闻见，

chén xīn wèi jìn sī xiāng xiàn
尘心未尽思乡县。

chū dòng wú lùn gé shān shuǐ
出洞无论隔山水，

cí jiā zhōng nǐ cháng yóu yǎn
辞家终拟长游衍。
zì wèi jīng guò jiù bù mí
自谓经过旧不迷，
ān zhī fēng hè jīn lái biàn
安知峰壑今来变。
dāng shí zhǐ jì rù shān shēn
当时只记入山深，
qīng xī jǐ dù dào yún lín
青溪几度到云林。
chūn lái biàn shì táo huā shuǐ
春来遍是桃花水，
bù biàn xiān yuán hé chù xún
不辨仙源何处寻。

shǔ dào nán

蜀道难

lǐ bái

李白

yī xū xī wēi hū gāo zāi
噫吁嚱，危乎高哉，
shǔ dào zhī nán nán yú shàng qīng tiān
蜀道之难难于上青天。
cán cóng jí yú fú kāi guó hé máng rán
蚕丛及鱼凫，开国何茫然。
ěr lái sì wàn bā qiān suì
尔来四万八千岁，
bù yǔ qín sè tōng rén yān
不与秦塞通人烟。
xī dāng tài bái yǒu niǎo dào
西当太白有鸟道，
kě yǐ héng jué é méi diān
可以横绝峨嵋巅。
dì bēng shān cuī zhuàng shì sǐ
地崩山摧壮士死，
rán hòu tiān tī shí zhàn xiāng gōu lián
然后天梯石栈相钩连。
shàng yǒu liù lóng huí rì zhī gāo biāo
上有六龙回日之高标，
xià yǒu chōng bō nì zhé zhī huí chuān
下有冲波逆折之回川。

huáng hè zhī fēi shàng bù dé guò
黄鹤之飞尚不得过，
yuán náo yù dù chóu pān yuán
猿猱欲度愁攀缘。
qīng ní hé pán pán
青泥何盘盘，
bǎi bù jiǔ zhé yíng yán luán
百步九折萦岩峦。
mén shēn lì jǐng yǎng xié xī
扪参历井仰胁息，
yǐ shǒu fǔ yīng zuò cháng tàn
以手抚膺坐长叹。
wèn jūn xī yóu hé shí huán
问君西游何时还，
wèi tú chán yán bù kě pān
畏途巉岩不可攀。
dàn jiàn bēi niǎo háo gǔ mù
但见悲鸟号古木，
xióng fēi cóng cí rào lín jiān
雄飞从雌绕林间。
yòu wén zǐ guī tí yè yuè chóu kōng shān
又闻子规啼夜月，愁空山。
shǔ dào zhī nán nán yú shàng qīng tiān
蜀道之难难于上青天，
shǐ rén tīng cǐ diāo zhū yán
使人听此凋朱颜。
lián fēng qù tiān bù yíng chǐ
连峰去天不盈尺，

kū sōng dào guà yǐ jué bì

枯松倒挂倚绝壁。

fēi tuān pù liú zhēng xuān huī

飞湍瀑流争喧豗，

pēng yá zhuǎn shí wàn hè léi

砯崖转石万壑雷。

qí xiǎn yě ruò cǐ

其险也若此，

jiē ěr yuǎn dào zhī rén hú wèi hū lái zāi

嗟尔远道之人胡为乎来哉。

jiàn gé zhēng róng ér cuī wéi

剑阁峥嵘而崔嵬，

yī fū dāng guān wàn fū mò kāi

一夫当关，万夫莫开。

suǒ shǒu huò fěi qīn huà wéi láng yǔ chái

所守或匪亲，化为狼与豺。

zhāo bì měng hǔ xī bì cháng shé

朝避猛虎，夕避长蛇。

mó yá shǔn xuè shā rén rú má

磨牙吮血，杀人如麻。

jǐn chéng suī yún lè bù rú zǎo huán jiā

锦城虽云乐，不如早还家。

shǔ dào zhī nán nán yú shàng qīng tiān

蜀道之难难于上青天，

cè shēn xī wàng cháng zī jiē

侧身西望常咨嗟。

cháng xiāng sī
长相思

lǐ bái
李白

cháng xiāng sī zài cháng ān
长相思，在长安。
luò wěi qiū tí jīn jǐng lán
络纬秋啼金井阑，
wēi shuāng qī qī diàn sè hán
微霜凄凄簟色寒。
gū dēng bù míng sī yù jué
孤灯不明思欲绝，
juǎn wéi wàng yuè kōng cháng tàn
卷帷望月空长叹。
měi rén rú huā gé yún duān
美人如花隔云端，
shàng yǒu qīng míng zhī cháng tiān
上有青冥之长天，
xià yǒu lù shuǐ zhī bo lán
下有渌水之波澜。
tiān cháng lù yuǎn hún fēi kǔ
天长路远魂飞苦，
mèng hún bù dào guān shān nán
梦魂不到关山难。
cháng xiāng sī cuī xīn gān
长相思，摧心肝。

xíng lù nán

行路难

lǐ bái

李 白

jīn zūn qīng jiǔ dǒu shí qiān
金樽清酒斗十千，
yù pán zhēn xiū zhí wàn qián
玉盘珍馐值万钱。
tíng bēi tóu zhù bù néng shí
停杯投箸不能食，
bá jiàn sì gù xīn máng rán
拔剑四顾心茫然。
yù dù huáng hé bīng sè chuān
欲渡黄河冰塞川，
jiāng dēng tài háng xuě mǎn shān
将登太行雪满山。
xián lái chuí diào bì xī shàng
闲来垂钓碧溪上，
hū fù chéng zhōu mèng rì biān
忽复乘舟梦日边。
xíng lù nán xíng lù nán
行路难，行路难。
duō qí lù jīn ān zài
多歧路，今安在。
cháng fēng pò làng huì yǒu shí
长风破浪会有时，
zhí guà yún fān jì cāng hǎi
直挂云帆济沧海。

qiāng jìn jiǔ

将进酒

lǐ bái

李白

jūn bù jiàn huáng hé zhī shuǐ tiān shàng lái
君不见黄河之水天上来，
bēn liú dào hǎi bù fù huí
奔流到海不复回。
jūn bù jiàn gāo táng míng jìng bēi bái fà
君不见高堂明镜悲白发，
zhāo rú qīng sī mù chéng xuě
朝如青丝暮成雪。
rén shēng dé yì xū jìn huān
人生得意须尽欢，
mò shǐ jīn zūn kōng duì yuè
莫使金樽空对月。
tiān shēng wǒ cái bì yǒu yòng
天生我材必有用，
qiān jīn sàn jìn huán fù lái
千金散尽还复来。
pēng yáng zǎi niú qiě wéi lè
烹羊宰牛且为乐，
huì xū yī yǐn sān bǎi bēi
会须一饮三百杯。
cén fū zǐ dān qiū shēng
岑夫子，丹丘生，

qiāng jìn jiǔ bēi mò tíng
将进酒，杯莫停。
yǔ jūn gē yī qǔ
与君歌一曲，
qǐng jūn wèi wǒ cè ěr tīng
请君为我侧耳听。
zhōng gǔ zhuàn yù bù zú guì
钟鼓馔玉不足贵，
dàn yuàn cháng zuì bù yuàn xǐng
但愿长醉不愿醒。
gǔ lái shèng xián jiē jì mò
古来圣贤皆寂寞，
wéi yǒu yǐn zhě liú qí míng
唯有饮者留其名。
chén wáng xī shí yàn píng lè
陈王昔时宴平乐，
dǒu jiǔ shí qiān zì huān xuè
斗酒十千恣欢谑。
zhǔ rén hé wéi yán shǎo qián
主人何为言少钱，
jìng xū gū qǔ duì jūn zhuó
径须沽取对君酌。
wǔ huā mǎ qiān jīn qiú
五花马，千金裘。
hū ér jiāng chū huàn měi jiǔ
呼儿将出换美酒，
yǔ ěr tóng xiāo wàn gǔ chóu
与尔同销万古愁。

bīng chē xíng

兵车行

dù fǔ

杜甫

chē lín lín mǎ xiāo xiāo

车辚辚，马萧萧，

xíng rén gōng jiàn gè zài yāo

行人弓箭各在腰。

yé niáng qī zǐ zǒu xiāng sòng

耶(爷)娘妻子走相送，

chén āi bù jiàn xián yáng qiáo

尘埃不见咸阳桥。

qiān yī dùn zú lán dào kū

牵衣顿足拦道哭，

kū shēng zhí shàng gān yún xiāo

哭声直上干云霄。

dào páng guò zhě wèn xíng rén

道旁过者问行人，

xíng rén dàn yún diǎn háng pín

行人但云点行频。

huò cóng shí wǔ běi fáng hé

或从十五北防河，

biàn zhì sì shí xī yíng tián

便至四十西营田。

qù shí lǐ zhèng yǔ guǒ tóu

去时里正与裹头，

guī lái tóu bái hái shù biān
归来头白还戍边。
biān tíng liú xuè chéng hǎi shuǐ
边庭流血成海水，
wǔ huáng kāi biān yì wèi yǐ
武皇开边意未已。
jūn bù jiàn hàn jiā shān dōng èr bǎi zhōu
君不见汉家山东二百州，
qiān cūn wàn luò shēng jīng qǐ
千村万落生荆杞。
zòng yǒu jiàn fù bǎ chú lí
纵有健妇把锄犁，
hé shēng lǒng mǔ wú dōng xī
禾生陇亩无东西。
kuàng fù qín bīng nài kǔ zhàn
况复秦兵耐苦战，
bèi qū bù yì quǎn yǔ jī
被驱不异犬与鸡。
zhǎng zhě suī yǒu wèn
长者虽有问，
yì fū gǎn shēn hèn
役夫敢申恨？
qiě rú jīn nián dōng
且如今年冬，
wèi xiū guān xī zú
未休关西卒。
xiàn guān jí suǒ zū
县官急索租，

zū shuì cóng hé chū
租税从何出？
xìn zhī shēng nán è
信知生男恶，
fǎn shì shēng nǚ hǎo
反是生女好。
shēng nǚ yóu dé jià bǐ lín
生女犹得嫁比邻，
shēng nán mái mò suí bǎi cǎo
生男埋没随百草。
jūn bù jiàn qīng hǎi tóu
君不见青海头，
gǔ lái bái gǔ wú rén shōu
古来白骨无人收。
xīn guǐ fán yuān jiù guǐ kū
新鬼烦冤旧鬼哭，
tiān yīn yǔ shī shēng jiū jiū
天阴雨湿声啾啾。

孝经

开宗明义章第一

仲尼居，曾子侍。

子曰："先王有至德要道，以顺天下，民用和睦，上下无怨，汝知之乎？"

曾子避席曰："参不敏，何足以知之？"

子曰："夫孝，德之本也，教之所由生也。复坐，吾语汝。身体发肤，受之父母，不敢毁伤，孝之始也。立身行

dào yáng míng yú hòu shì yǐ xiǎn fù mǔ xiào zhī zhōng

道，扬名于后世，以显父母，孝之终

yě fú xiào shǐ yú shì qīn zhōng yú shì jūn zhōng yú

也。夫孝，始于事亲，中于事君，终于

lì shēn

立身。

dà yǎ yún wú niàn ěr zǔ yù xiū

“《大雅》云：‘无念尔祖，聿修

jué dé

厥德。’”

tiān zǐ zhāng dì èr

天子章第二

zǐ yuē ài qīn zhě bù gǎn wù yú rén jìng qīn

子曰：“爱亲者，不敢恶于人；敬亲

zhě bù gǎn màn yú rén ài jìng jìn yú shì qīn ér dé

者，不敢慢于人。爱敬尽于事亲，而德

jiào jiā yú bǎi xìng xíng yú sì hǎi gài tiān zǐ zhī

教加于百姓，刑（型）于四海。盖天子之

xiào yě

孝也。

fǔ xíng yún yī rén yǒu qìng zhào

“《甫刑（型）》云：‘一人有庆，兆

mín lài zhī

民赖之。’”

zhū hóu zhāng dì sān
诸侯章第三

zài shàng bù jiāo gāo ér bù wēi zhì jié jǐn dù
“在上不骄，高而不危。制节谨度，
mǎn ér bù yì gāo ér bù wēi suǒ yǐ cháng shǒu guì
满而不溢。高而不危，所以长守贵
yě mǎn ér bù yì suǒ yǐ cháng shǒu fù yě
也；满而不溢，所以长守富也。

fù guì bù lí qí shēn rán hòu néng bǎo qí shè
“富贵不离其身，然后能保其社
jì ér hé qí mín rén gài zhū hóu zhī xiào yě
稷，而和其民人。盖诸侯之孝也。

shī yún zhàn zhàn jīng jīng rú lín shēn yuān
“《诗》云：‘战战兢兢，如临深渊，
rú lǚ bó bīng
如履薄冰。’”

qīng dà fū zhāng dì sì
卿大夫章第四

fēi xiān wáng zhī fǎ fú bù gǎn fú fēi xiān wáng
“非先王之法服不敢服，非先王
zhī fǎ yán bù gǎn dào fēi xiān wáng zhī dé xíng bù
之法言不敢道。非先王之德行不
gǎn xíng
敢行。

shì gù fēi fǎ bù yán fēi dào bù xíng kǒu wú zé
“是故非法不言，非道不行；口无择
yán shēn wú zé xíng yán mǎn tiān xià wú kǒu guò xíng
言，身无择行；言满天下无口过，行
mǎn tiān xià wú yuàn wù sān zhě bèi yǐ rán hòu néng
满天下无怨恶。三者备矣，然后能
shǒu qí zōng miào gài qīng dà fū zhī xiào yě
守其宗庙。盖卿大夫之孝也。

shī yún sù yè fěi xiè yǐ shì yī rén
“《诗》云：‘夙夜匪懈，以事一人。’”

shì zhāng dì wǔ
士章第五

zī yú shì fù yǐ shì mǔ ér ài tóng zī yú shì
“资于事父以事母，而爱同。资于事
fù yǐ shì jūn ér jìng tóng gù mǔ qǔ qí ài ér jūn qǔ
父以事君，而敬同。故母取其爱，而君取
qí jìng jiān zhī zhě fù yě
其敬，兼之者，父也。

gù yǐ xiào shì jūn zé zhōng yǐ jìng shì zhǎng zé
“故以孝事君则忠，以敬事长则
shùn zhōng shùn bù shī yǐ shì qí shàng rán hòu néng
顺，忠顺不失，以事其上，然后能
bǎo qí lù wèi ér shǒu qí jì sì gài shì zhī xiào yě
保其禄位，而守其祭祀，盖士之孝也。

shī yún sù xìng yè mèi wú tiǎn ěr
“《诗》云：‘夙兴夜寐，无忝尔

suǒ shēng
所 生。’”

shù rén zhāng dì liù
庶人章第六

yòng tiān zhī dào fēn dì zhī lì jǐn shēn jié
“用天之道，分地之利，谨身节
yòng yǐ yǎng fù mǔ cǐ shù rén zhī xiào yě
用，以养父母，此庶人之孝也。

gù zì tiān zǐ zhì yú shù rén xiào wú zhōng shǐ
“故自天子至于庶人，孝无终始，
ér huàn bù jí zhě wèi zhī yǒu yě
而患不及者，未之有也。”

sān cái zhāng dì qī
三才章第七

zēng zǐ yuē shèn zāi xiào zhī dà yě
曾子曰：“甚哉，孝之大也！”

zǐ yuē fú xiào tiān zhī jīng yě dì zhī yì yě
子曰：“夫孝，天之经也，地之义也，
mín zhī xíng yě tiān dì zhī jīng ér mín shì zé zhī zé
民之行也。天地之经，而民是则之。则
tiān zhī míng yīn dì zhī lì yǐ shùn tiān xià shì yǐ qí
天之明，因地之利，以顺天下，是以其
jiào bù sù ér chéng qí zhèng bù yán ér zhì xiān wáng
教不肃而成，其政不严而治。先王

jiàn jiào zhī kě yǐ huà mín yě shì gù xiān zhī yǐ bó ài
见教之可以化民也，是故先之以博爱，
ér mín mò yí qí qīn chén zhī yú dé yì ér mín xīng
而民莫遗其亲。陈之于德义，而民兴
xíng xiān zhī yǐ jìng ràng ér mín bù zhēng dǎo zhī yǐ
行；先之以敬让，而民不争。导之以
lǐ yuè ér mín hé mù shì zhī yǐ hǎo wù ér mín
礼乐，而民和睦；示之以好恶，而民
zhī jìn
知禁。

shī yún hè hè shī yǐn mín jù ěr zhān
"《诗》云：'赫赫师尹，民具尔瞻。'"

xiào zhì zhāng dì bā
孝治章第八

zǐ yuē xī zhě míng wáng zhī yǐ xiào zhì tiān xià
子曰："昔者明王之以孝治天下
yě bù gǎn yí xiǎo guó zhī chén ér kuàng yú gōng
也，不敢遗小国之臣，而况于公、
hóu bó zǐ nán hū gù dé wàn guó zhī huān xīn yǐ
侯、伯、子、男乎？故得万国之欢心，以
shì qí xiān wáng
事其先王。

zhì guó zhě bù gǎn wǔ yú guān guǎ ér kuàng yú
"治国者，不敢侮于鳏寡，而况于
shì mín hū gù dé bǎi xìng zhī huān xīn yǐ shì qí
士民乎？故得百姓之欢心，以事其

xiān jūn
先君。

zhì jiā zhě bù gǎn shī yú chén qiè ér kuàng yú
"治家者，不敢失于臣妾，而况于
qī zǐ hū gù dé rén zhī huān xīn yǐ shì qí qīn
妻子乎？故得人之欢心，以事其亲。

fú rán gù shēng zé qīn ān zhī jì zé guǐ xiǎng
"夫然，故生则亲安之，祭则鬼享
zhī shì yǐ tiān xià hé píng zāi hài bù shēng huò luàn
之，是以天下和平，灾害不生，祸乱
bù zuò gù míng wáng zhī yǐ xiào zhì tiān xià yě rú cǐ
不作。故明王之以孝治天下也如此。

shī yún yǒu jué dé xíng sì guóshùn zhī
"《诗》云：'有觉德行，四国顺之。'"

shèng zhì zhāng dì jiǔ
圣治章第九

zēng zǐ yuē gǎn wèn shèng rén zhī dé wú yǐ jiā
曾子曰："敢问圣人之德，无以加
yú xiào hū
于孝乎？"

zǐ yuē tiān dì zhī xìng rén wèi guì rén zhī xíng
子曰："天地之性，人为贵。人之行，
mò dà yú xiào xiào mò dà yú yán fù yán fù mò dà yú
莫大于孝。孝莫大于严父，严父莫大于
pèi tiān zé zhōu gōng qí rén yě
配天，则周公其人也！

xī zhě zhōu gōng jiāo sì hòu jì yǐ pèi tiān zōng
“昔者，周公郊祀后稷以配天。宗
sì wén wáng yú míng táng yǐ pèi shàng dì shì yǐ sì
祀文王于明堂以配上帝。是以四
hǎi zhī nèi gè yǐ qí zhí lái jì fú shèng rén zhī dé
海之内，各以其职来祭。夫圣人之德，
yòu hé yǐ jiā yú xiào hū
又何以加于孝乎？

gù qīn shēng zhī xī xià yǐ yǎng fù mǔ rì yán
“故亲生之膝下，以养父母日严。
shèng rén yīn yán yǐ jiāo jìng yīn qīn yǐ jiāo ài shèng
圣人因严以教敬，因亲以教爱。圣
rén zhī jiào bù sù ér chéng qí zhèng bù yán ér zhì
人之教，不肃而成，其政不严而治，
qí suǒ yīn zhě běn yě
其所因者，本也。

fù zǐ zhī dào tiān xìng yě jūn chén zhī yì yě
“父子之道，天性也，君臣之义也。
fù mǔ shēng zhī xù mò dà yān jūn qīn lín zhī hòu mò
父母生之，续莫大焉！君亲临之，厚莫
zhòng yān
重焉！

gù bù ài qí qīn ér ài tā rén zhě wèi zhī bèi
“故不爱其亲，而爱他人者，谓之悖
dé bù jìng qí qīn ér jìng tā rén zhě wèi zhī bèi lǐ
德。不敬其亲，而敬他人者，谓之悖礼。
yǐ shùn zé nì mín wú zé yān bù zài yú shàn ér jiē
以顺则逆，民无则焉！不在于善，而皆

zài yú xiōng dé suī dé zhī jūn zǐ bù guì yě
在于凶德，虽得之，君子不贵也！

jūn zǐ zé bù rán yán sī kě dào xíng sī kě
“君子则不然，言思可道，行思可
lè dé yì kě zūn zuò shì kě fǎ róng zhǐ kě guān jìn
乐，德义可尊，作事可法，容止可观，进
tuì kě dù yǐ lín qí mín shì yǐ qí mín wèi ér ài zhī
退可度。以临其民，是以其民畏而爱之，
zé ér xiàng zhī gù néng chéng qí dé jiào ér xíng qí
则而象之。故能成其德教，而行其
zhèng lìng
政令。

shī yún shū rén jūn zǐ qí yí bù tè
“《诗》云：‘淑人君子，其仪不忒。’”

jì xiào xíng zhāng dì shí
纪孝行章第十

zǐ yuē xiào zǐ zhī shì qīn yě jū zé zhì qí jìng
子曰：“孝子之事亲也，居则致其敬，
yǎng zé zhì qí lè bìng zé zhì qí yōu sàng zé zhì qí
养则致其乐，病则致其忧，丧则致其
āi jì zé zhì qí yán wǔ zhě bèi yǐ rán hòu néng
哀，祭则致其严。五者备矣，然后能
shì qīn
事亲。

shì qīn zhě jū shàng bù jiāo wéi xià bù luàn zài
“事亲者，居上不骄，为下不乱，在

chǒu bù zhēng jū shàng ér jiāo zé wáng wéi xià ér
丑不争。居上而骄则亡，为下而

luàn zé xíng zài chǒu ér zhēng zé bīng sān zhě bù chú
乱则刑，在丑而争则兵。三者不除，

suī rì yòng sān shēng zhī yǎng yóu wéi bù xiào yě
虽日用三牲之养，犹为不孝也。”

wǔ xíng zhāng dì shí yī
五刑章第十一

zǐ yuē wǔ xíng zhī shǔ sān qiān ér zuì mò dà
子曰：“五刑之属三千，而罪莫大

yú bù xiào yāo jūn zhě wú shàng fēi shèng rén zhě wú
于不孝。要君者无上，非圣人者无

fǎ fēi xiào zhě wú qīn cǐ dà luàn zhī dào yě
法，非孝者无亲。此大乱之道也。”

guǎng yào dào zhāng dì shí èr
广要道章第十二

zǐ yuē jiāo mín qīn ài mò shàn yú xiào jiāo
子曰：“教民亲爱，莫善于孝。教

mín lǐ shùn mò shàn yú tì yí fēng yì sú mò shàn
民礼顺，莫善于悌。移风易俗，莫善

yú yuè ān shàng zhì mín mò shàn yú lǐ
于乐。安上治民，莫善于礼。

lǐ zhě jìng ér yǐ yě gù jìng qí fù zé zǐ yuè
“礼者，敬而已也。故敬其父则子悦，

jìng qí xiōng zé dì yuè jìng qí jūn zé chén yuè jìng yī
敬其兄则弟悦，敬其君则臣悦，敬一
rén ér qiān wàn rén yuè suǒ jìng zhě guǎ ér yuè zhě
人而千万人悦，所敬者寡，而悦者
zhòng cǐ wèi zhī yào dào yě
众，此谓之要道也。”

guǎng zhì dé zhāng dì shí sān
广至德章第十三

zǐ yuē jūn zǐ zhī jiāo yǐ xiào yě fēi jiā zhì ér
子曰：“君子之教以孝也，非家至而
rì jiàn zhī yě jiāo yǐ xiào suǒ yǐ jìng tiān xià zhī wéi
日见之也。教以孝，所以敬天下之为
rén fù zhě yě jiāo yǐ tì suǒ yǐ jìng tiān xià zhī wéi rén
人父者也。教以悌，所以敬天下之为人
xiōng zhě yě jiāo yǐ chén suǒ yǐ jìng tiān xià zhī wéi rén
兄者也。教以臣，所以敬天下之为人
jūn zhě yě
君者也。

shī yún kǎi tì jūn zǐ mín zhī fù mǔ fēi
“《诗》云：‘恺悌君子，民之父母。’非
zhì dé qí shú néng shùn mín rú cǐ qí dà zhě hū
至德，其孰能顺民如此其大者乎？”

guǎng yáng míng zhāng dì shí sì

广扬名章第十四

zǐ yuē jūn zǐ zhī shì qīn xiào gù zhōng kě yí

子曰:“君子之事亲孝,故忠可移

yú jūn shì xiōng tì gù shùn kě yí yú zhǎng jū jiā

于君;事兄悌,故顺可移于长;居家

lǐ gù zhì kě yí yú guān shì yǐ xíng chéng yú nèi ér

理,故治可移于官。是以行成于内,而

míng lì yú hòu shì yǐ

名立于后世矣!”

jiàn zhèng zhāng dì shí wǔ

谏诤章第十五

zēng zǐ yuē ruò fú cí ài gōng jìng ān qīn

曾子曰:“若夫慈爱、恭敬、安亲、

yáng míng zé wén mìng yǐ gǎn wèn zǐ cóng fù zhī

扬名,则闻命矣。敢问子从父之

lìng kě wèi xiào hū

令,可谓孝乎?”

zǐ yuē shì hé yán yú shì hé yán yú

子曰:“是何言与(欤)?是何言与(欤)?

xī zhě tiān zǐ yǒu zhèng chén qī rén suī wú

昔者,天子有争(诤)臣七人,虽无

dào bù shī qí tiān xià zhū hóu yǒu zhèng chén

道,不失其天下。诸侯有争(诤)臣

wǔ rén suī wú dào bù shī qí guó dà fū yǒu
五人，虽无道，不失其国。大夫有
zhèng chén sān rén suī wú dào bù shī qí jiā shì
争（诤）臣三人，虽无道，不失其家。士
yǒu zhèng yǒu zé shēn bù lí yú lìng míng fù
有争（诤）友，则身不离于令名。父
yǒu zhèng zǐ zé shēn bù xiàn yú bù yì gù
有争（诤）子，则身不陷于不义。故
dāng bù yì zé zǐ bù kě yǐ bù zhèng yú fù
当不义，则子不可以不争（诤）于父，
chén bù kě yǐ bù zhèng yú jūn gù dāng bù yì
臣不可以不争（诤）于君。故当不义
zé zhèng zhī cóng fù zhī lìng yòu yān dé wéi
则争（诤）之，从父之令，又焉得为
xiào hū
孝乎？”

gǎn yìng zhāng dì shí liù
感应章第十六

zǐ yuē xī zhě míng wáng shì fù xiào gù shì
子曰：“昔者明王，事父孝，故事
tiān míng shì mǔ xiào gù shì dì chá zhǎng yòu shùn
天明；事母孝，故事地察；长幼顺，
gù shàng xià zhì tiān dì míng chá shén míng zhāng yǐ
故上下治。天地明察，神明彰矣。
gù suī tiān zǐ bì yǒu zūn yě yán yǒu fù yě bì
“故虽天子必有尊也，言有父也；必

yǒu xiān yě yán yǒu xiōng yě zōng miào zhì jìng bù
有先也，言有兄也。宗庙致敬，不

wàng qīn yě xiū shēn shèn háng kǒng rǔ xiān yě zōng
忘亲也。修身慎行，恐辱先也。宗

miào zhì jìng guǐ shén zhuó yǐ xiào tì zhī zhì tōng yú
庙致敬，鬼神著矣。孝悌之至，通于

shén míng guāng yú sì hǎi wú suǒ bù tōng
神明，光于四海，无所不通。

shī yún zì xī zì dōng zì nán zì běi wú
“《诗》云：‘自西自东，自南自北，无

sī bù fú
思不服。’”

shì jūn zhāng dì shí qī
事君章第十七

zǐ yuē jūn zǐ zhī shì shàng yě jìn sī jìn
子曰：“君子之事上也，进思尽

zhōng tuì sī bǔ guò jiāng shùn qí měi kuāng jiù qí
忠，退思补过，将顺其美，匡救其

è gù shàng xià néng xiāng qīn yě
恶，故上下能相亲也。

shī yún xīn hū ài yǐ xiá bù wèi yǐ zhōng
“《诗》云：‘心乎爱矣，遐不谓矣。中

xīn cáng zhī hé rì wàng zhī
心藏之，何日忘之！’”

sàng qīn zhāng dì shí bā

丧亲章第十八

zǐ yuē xiào zǐ zhī sàng qīn yě kū bù yǐ lǐ
子曰："孝子之丧亲也，哭不偯，礼
wú róng yán bù wén fú měi bù ān wén yuè bù lè
无容，言不文，服美不安，闻乐不乐，
shí zhǐ bù gān cǐ āi qī zhī qíng yě sān rì ér shí
食旨不甘，此哀戚之情也。三日而食，
jiāo mín wú yǐ sǐ shāng shēng huǐ bù miè xìng cǐ shèng
教民无以死伤生，毁不灭性，此圣
rén zhī zhèng yě sāng bù guò sān nián shì mín yǒu
人之政也。丧不过三年，示民有
zhōng yě
终也。

wéi zhī guān guǒ yī qīn ér jǔ zhī chén qí
"为之棺、椁、衣、衾而举之；陈其
fǔ guǐ ér āi qī zhī pǐ yǒng kū qì āi yǐ sòng zhī
簠簋而哀戚之；擗踊哭泣，哀以送之；
bǔ qí zhái zhào ér ān cuò zhī wéi zhī zōng miào yǐ
卜其宅兆，而安措之；为之宗庙，以
guǐ xiǎng zhī chūn qiū jì sì yǐ shí sī zhī
鬼享之；春秋祭祀，以时思之。

shēng shì ài jìng sǐ shì āi qī shēng mín zhī běn
"生事爱敬，死事哀戚，生民之本
jìn yǐ sǐ shēng zhī yì bèi yǐ xiào zǐ zhī shì qīn zhōng yǐ
尽矣，死生之义备矣，孝子之事亲终矣。"

dà xué zhāng jù
大学章句

dà xué zhī dào zài míng míng dé zài qīn mín zài
大学之道，在明明德，在亲民，在
zhǐ yú zhì shàn zhī zhǐ ér hòu yǒu dìng dìng ér hòu néng
止于至善。知止而后有定，定而后能
jìng jìng ér hòu néng ān ān ér hòu néng lǜ lǜ ér
静，静而后能安，安而后能虑，虑而
hòu néng dé wù yǒu běn mò shì yǒu zhōng shǐ zhī suǒ
后能得。物有本末，事有终始。知所
xiān hòu zé jìn dào yǐ
先后，则近道矣。

gǔ zhī yù míng míng dé yú tiān xià zhě xiān zhì qí
古之欲明明德于天下者，先治其
guó yù zhì qí guó zhě xiān qí qí jia yù qí qí jiā
国；欲治其国者，先齐其家；欲齐其家
zhě xiān xiū qí shēn yù xiū qí shēn zhě xiān zhèng qí
者，先修其身；欲修其身者，先正其
xīn yù zhèng qí xīn zhě xiān chéng qí yì yù chéng
心，欲正其心者，先诚其意；欲诚
qí yì zhě xiān zhì qí zhī zhì zhī zài gé wù wù gé ér
其意者，先致其知；致知在格物。物格而

hòu zhī zhì zhī zhì ér hòu yì chéng yì chéng ér hòu
后知至，知至而后意诚，意诚而后
xīn zhèng xīn zhèng ér hòu shēn xiū shēn xiū ér hòu jiā
心正，心正而后身修，身修而后家
qí jiā qí ér hòu guó zhì guó zhì ér hòu tiān xià píng
齐，家齐而后国治，国治而后天下平。

zì tiān zǐ yǐ zhì yú shù rén yī shì jiē yǐ xiū shēn
自天子以至于庶人，壹是皆以修身
wéi běn qí běn luàn ér mò zhì zhě fǒu yǐ qí suǒ hòu
为本。其本乱而末治者否矣。其所厚
zhě bó ér qí suǒ bó zhě hòu wèi zhī yǒu yě yòu
者薄，而其所薄者厚，未之有也！（右
jīng yì zhāng gài kǒng zǐ zhī yán ér zēng zǐ shù zhī
经一章，盖孔子之言，而曾子述之。
qí zhuàn shí zhāng zé zēng zǐ zhī yì ér mén rén jì zhī
其传十章，则曾子之意而门人记之
yě jiù běn pō yǒu cuò jiǎn jīn yīn chéng zǐ suǒ dìng
也。旧本颇有错简，今因程子所定，
ér gèng kǎo jīng wén bié wéi xù cì rú zuǒ
而更考经文，别为序次如左。）

kāng gào yuē kè míng dé tài jiǎ
《康诰》曰：“克明德。”《大（太）甲》
yuē gù shì tiān zhī míng mìng dì diǎn yuē kè
曰：“顾諟天之明命。”《帝典》曰：“克
míng jùn dé jiē zì míng yě yòu zhuàn zhī shǒu
明峻德。”皆自明也。（右传之首
zhāng shì míng míng dé
章，释“明明德”。）

tāng zhī pán míng yuē gǒu rì xīn rì rì xīn
汤之《盘铭》曰："苟日新，日日新，
yòu rì xīn kāng gào yuē zuò xīn mín shī
又日新。"《康诰》曰："作新民。"《诗》
yuē zhōu suī jiù bāng qí mìng wéi xīn shì gù jūn
曰："周虽旧邦，其命惟新。"是故君
zǐ wú suǒ bù yòng qí jí yòu zhuàn zhī èr zhāng
子无所不用其极。(右传之二章，
shì xīn mín
释"新民"。)

shī yún bāng jī qiān lǐ wéi mín suǒ zhǐ
《诗》云："邦畿千里，惟民所止。"
shī yún mín mán huáng niǎo zhǐ yú qiū yú zǐ
《诗》云："缗蛮黄鸟，止于丘隅。"子
yuē yú zhǐ zhī qí suǒ zhǐ kě yǐ rén ér bù rú niǎo
曰："于止，知其所止，可以人而不如鸟
hū shī yún mù mù wén wáng wū jī xī
乎?"《诗》云："穆穆文王，於(乌)缉熙
jìng zhǐ wéi rén jūn zhǐ yú rén wéi rén chén zhǐ yú
敬止!"为人君，止于仁；为人臣，止于
jìng wéi rén zǐ zhǐ yú xiào wéi rén fù zhǐ yú cí yǔ
敬；为人子，止于孝；为人父，止于慈；与
guó rén jiāo zhǐ yú xìn shī yún zhān bǐ qí ào
国人交，止于信。《诗》云："瞻彼淇澳，
lù zhú yī yī yǒu fěi jūn zǐ rú qiē rú cuō rú zhuó
菉竹猗猗。有斐君子，如切如磋，如琢
rú mó sè xī xiàn xī hè xī xuān xī yǒu fěi jūn zǐ
如磨。瑟兮僩兮，赫兮喧兮。有斐君子，

zhōng bù kě xuān xī rú qiē rú cuō zhě
终不可諠（谖）兮。”“如切如磋”者，
dào xué yě rú zhuó rú mó zhě zì xiū yě sè xī
道学也；“如琢如磨”者，自修也；“瑟兮
xiàn xī zhě xún lì yě hè xī xuān xī zhě wēi
僩兮”者，恂栗也；“赫兮喧兮”者，威
yí yě yǒu fěi jūn zǐ zhōng bù kě xuān xī
仪也；“有斐君子，终不可諠（谖）兮”
zhě dào shèng dé zhì shàn mín zhī bù néng wàng yě
者，道盛德至善，民之不能忘也。
shī yún wū hū qián wáng bù
《诗》云：“於（呜）戏（呼），前王不
wàng jūn zǐ xián qí xián ér qīn qí qīn xiǎo rén lè
忘！”君子贤其贤而亲其亲，小人乐
qí lè ér lì qí lì cǐ yǐ mò shì bù wàng yě yòu
其乐而利其利，此以没世不忘也。（右
zhuàn zhī sān zhāng shì zhǐ yú zhì shàn
传之三章，释“止于至善”。）

zǐ yuē tīng sòng wú yóu rén yě bì yě shǐ wú
子曰：“听讼，吾犹人也。必也使无
sòng hū wú qíng zhě bù dé jìn qí cí dà wèi mín zhì
讼乎！”无情者不得尽其辞。大畏民志。
cǐ wèi zhī běn yòu zhuàn zhī sì zhāng shì běn mò
此谓知本。（右传之四章，释“本末”。）

cǐ wèi zhī běn cǐ wèi zhī zhī zhì yě yòu zhuàn
此谓知本，此谓知之至也。（右传
zhī wǔ zhāng gài shì gé wù zhì zhī zhī yì ér
之五章，盖释“格物”、“致知”之义，而

jīn wáng yǐ jiān cháng qiè qǔ chéng zǐ zhī yì yǐ bǔ zhī
今亡矣。间尝窃取程子之意以补之

yuē suǒ wèi zhì zhī zài gé wù zhě yán yù zhì wú zhī
曰:“所谓致知在格物者,言欲致吾之

zhī zài jí wù ér qióng qí lǐ yě gài rén xīn zhī líng mò
知,在即物而穷其理也。盖人心之灵莫

bù yǒu zhī ér tiān xià zhī wù mò bù yǒu lǐ wéi yú lǐ
不有知,而天下之物莫不有理,惟于理

yǒu wèi qióng gù qí zhī yǒu bù jìn yě shì yǐ dà xué
有未穷,故其知有不尽也。是以大学

shǐ jiāo bì shǐ xué zhě jí fán tiān xià zhī wù mò bù yīn
始教,必使学者即凡天下之物,莫不因

qí yǐ zhī zhī lǐ ér yì qióng zhī yǐ qiú zhì hū qí jí
其已知之理而益穷之,以求至乎其极。

zhì yú yòng lì zhī jiǔ ér yī dàn huò rán guàn tōng yān
至于用力之久,而一旦豁然贯通焉,

zé zhòng wù zhī biǎo lǐ jīng cū wú bù dào ér wú xīn zhī
则众物之表里精粗无不到,而吾心之

quán tǐ dà yòng wú bù míng yǐ cǐ wèi wù gé cǐ wèi
全体大用无不明矣。此谓物格,此谓

zhī zhī zhì yě
知之至也。”)

suǒ wèi chéng qí yì zhě wú zì qī yě rú wù
所谓诚其意者,毋自欺也。如恶

è chòu rú hào hǎo sè cǐ zhī wèi zì qiè gù
恶臭,如好好色,此之谓自谦(慊)。故

jūn zǐ bì shèn qí dú yě xiǎo rén xián jū wéi bù shàn
君子必慎其独也!小人闲居为不善,

wú suǒ bù zhì jiàn jūn zǐ ér hòu yàn rán yǎn qí bù
无所不至，见君子而后厌然，掩其不
shàn ér zhuó qí shàn rén zhī shì jǐ rú jiàn qí fèi gān
善，而著其善。人之视己，如见其肺肝
rán zé hé yì yǐ cǐ wèi chéng yú zhōng xíng yú wài
然，则何益矣。此谓诚于中，形于外，
gù jūn zǐ bì shèn qí dú yě zēng zǐ yuē shí mù suǒ
故君子必慎其独也。曾子曰：“十目所
shì shí shǒu suǒ zhǐ qí yán hū fù rùn wū dé rùn
视，十手所指，其严乎！”富润屋，德润
shēn xīn guǎng tǐ pán gù jūn zǐ bì chéng qí yì
身，心广体胖。故君子必诚其意。
yòu zhuàn zhī liù zhāng shì chéng yì
（右传之六章，释“诚意”。）

suǒ wèi xiū shēn zài zhèng qí xīn zhě shēn yǒu suǒ
所谓修身在正其心者，身有所
fèn zhì zé bù dé qí zhèng yǒu suǒ kǒng jù zé bù dé
忿懥，则不得其正；有所恐惧，则不得
qí zhèng yǒu suǒ hào lè zé bù dé qí zhèng yǒu suǒ
其正；有所好乐，则不得其正；有所
yōu huàn zé bù dé qí zhèng xīn bù zài yān shì ér bù
忧患，则不得其正。心不在焉，视而不
jiàn tīng ér bù wén shí ér bù zhī qí wèi cǐ wèi xiū
见，听而不闻，食而不知其味。此谓修
shēn zài zhèng qí xīn yòu zhuàn zhī qī zhāng shì
身在正其心。（右传之七章，释
zhèng xīn xiū shēn
“正心”、“修身”。）

suǒ wèi qí qí jiā zài xiū qí shēn zhě rén zhī qí
所谓齐其家在修其身者：人之其
suǒ qīn ài ér pì yān zhī qí suǒ jiàn wù ér
所亲爱而辟（僻）焉，之其所贱恶而
pì yān zhī qí suǒ wèi jìng ér pì yān zhī
辟（僻）焉，之其所畏敬而辟（僻）焉，之
qí suǒ āi jīn ér pì yān zhī qí suǒ ào
其所哀矜而辟（僻）焉，之其所敖（傲）
duò ér pì yān gù hào ér zhī qí è wù ér zhī
惰而辟（僻）焉。故好而知其恶，恶而知
qí měi zhě tiān xià xiǎn yǐ gù yàn yǒu zhī yuē rén
其美者，天下鲜矣！故谚有之曰：“人
mò zhī qí zǐ zhī è mò zhī qí miáo zhī shuò cǐ wèi
莫知其子之恶，莫知其苗之硕。”此谓
shēn bù xiū bù kě yǐ qí qí jiā yòu zhuàn zhī bā
身不修不可以齐其家。（右传之八
zhāng shì xiū shēn qí jiā
章，释“修身”、“齐家”。）

suǒ wèi zhì guó bì xiān qí qí jiā zhě qí jiā bù kě
所谓治国必先齐其家者，其家不可
jiāo ér néng jiāo rén zhě wú zhī gù jūn zǐ bù chū jiā ér
教而能教人者，无之。故君子不出家而
chéng jiāo yú guó xiào zhě suǒ yǐ shì jūn yě
成教于国：孝者，所以事君也；
tì zhě suǒ yǐ shì zhǎng yě cí zhě suǒ yǐ shǐ
弟（悌）者，所以事长也；慈者，所以使
zhòng yě kāng gào yuē rú bǎo chì zǐ xīn chéng
众也。《康诰》曰：“如保赤子。”心诚

qiú zhī suī bù zhòng bù yuǎn yǐ wèi yǒu xué yǎng zǐ
求之，虽不中，不远矣。未有学养子
ér hòu jià zhě yě
而后嫁者也！

yī jiā rén yī guó xīng rén yī jiā ràng yī guó
一家仁，一国兴仁；一家让，一国
xīng ràng yī rén tān lì yī guó zuò luàn qí jī rú
兴让；一人贪戾，一国作乱：其机如
cǐ cǐ wèi yī yán fèn shì yī rén dìng guó yáo shùn
此。此谓一言偾事，一人定国。尧、舜
shuài tiān xià yǐ rén ér mín cóng zhī jié zhòu shuài tiān
帅天下以仁，而民从之；桀、纣帅天
xià yǐ bào ér mín cóng zhī qí suǒ lìng fǎn qí suǒ hào
下以暴，而民从之；其所令反其所好，
ér mín bù cóng shì gù jūn zǐ yǒu zhū jǐ ér hòu qiú zhū
而民不从。是故君子有诸己而后求诸
rén wú zhū jǐ ér hòu fēi zhū rén suǒ cáng hū shēn bù
人，无诸己而后非诸人。所藏乎身不
shù ér néng yù zhū rén zhě wèi zhī yǒu yě gù zhì guó
恕，而能喻诸人者，未之有也。故治国
zài qí qí jiā
在齐其家。

shī yún táo zhī yāo yāo qí yè zhēn zhēn zhī
《诗》云：“桃之夭夭，其叶蓁蓁；之
zǐ yú guī yí qí jiā rén yí qí jiā rén ér hòu kě
子于归，宜其家人。”宜其家人，而后可
yǐ jiāo guó rén shī yún yí xiōng yí dì yí
以教国人。《诗》云：“宜兄宜弟。”宜

xiōng yí dì ér hòu kě yǐ jiāo guó rén shī yún
兄宜弟，而后可以教国人。《诗》云：
qí yí bù tè zhèng shì sì guó qí wéi fù zǐ xiōng
“其仪不忒，正是四国。”其为父子兄
dì zú fǎ ér hòu mín fǎ zhī yě cǐ wèi zhì guó zài qí
弟足法，而后民法之也。此谓治国在齐
qí jiā yòu zhuàn zhī jiǔ zhāng shì qí jiā
其家。（右传之九章，释“齐家”、
zhì guó
“治国”。）

suǒ wèi píng tiān xià zài zhì qí guó zhě shàng lǎo lǎo
所谓平天下在治其国者：上老老
ér mín xīng xiào shàng zhǎng zhǎng ér mín xīng
而民兴孝，上长长而民兴
tì shàng xù gū ér mín bù bèi shì yǐ
弟（悌），上恤孤而民不倍（背），是以
jūn zǐ yǒu xié jǔ zhī dào yě
君子有絜矩之道也。

suǒ wù yú shàng wú yǐ shǐ xià suǒ wù yú xià
所恶于上，毋以使下；所恶于下，
wú yǐ shì shàng suǒ wù yú qián wú yǐ xiān hòu suǒ
毋以事上；所恶于前，毋以先后；所
wù yú hòu wú yǐ cóng qián suǒ wù yú yòu wú yǐ jiāo
恶于后，毋以从前；所恶于右，毋以交
yú zuǒ suǒ wù yú zuǒ wú yǐ jiāo yú yòu cǐ zhī wèi
于左；所恶于左，毋以交于右：此之谓
xié jǔ zhī dào
絜矩之道。

shī yún lè zhǐ jūn zǐ mín zhī fù mǔ mín
《诗》云："乐只君子，民之父母。"民
zhī suǒ hào hào zhī mín zhī suǒ wù wù zhī cǐ zhī wèi
之所好好之，民之所恶恶之，此之谓
mín zhī fù mǔ shī yún jié bǐ nán shān wéi shí
民之父母。《诗》云："节彼南山，维石
yán yán hè hè shī yǐn mín jù ěr zhān yǒu guó zhě
岩岩。赫赫师尹，民具尔瞻。"有国者
bù kě yǐ bù shèn pì zé wèi tiān xià lù
不可以不慎，辟（僻）则为天下僇（戮）
yǐ shī yún yīn zhī wèi sàng shī kè pèi shàng
矣。《诗》云："殷之未丧师，克配上
dì yí jiàn yú yīn jùn mìng bù yì dào dé
帝；仪监（鉴）于殷，峻命不易。"道得
zhòng zé dé guó shī zhòng zé shī guó
众则得国，失众则失国。

shì gù jūn zǐ xiān shèn hū dé yǒu dé cǐ yǒu rén
是故君子先慎乎德。有德此有人，
yǒu rén cǐ yǒu tǔ yǒu tǔ cǐ yǒu cái yǒu cái cǐ yǒu
有人此有土，有土此有财，有财此有
yòng dé zhě běn yě cái zhě mò yě wài běn nèi mò
用。德者本也，财者末也。外本内末，
zhēng mín shī duó shì gù cái jù zé mín sàn cái sàn zé
争民施夺。是故财聚则民散，财散则
mín jù shì gù yán bèi ér chū zhě yì bèi ér rù huò
民聚。是故言悖而出者，亦悖而入；货
bèi ér rù zhě yì bèi ér chū
悖而入者，亦悖而出。

kāng gào yuē wéi mìng bù yú cháng dào
《康诰》曰：“惟命不于常。”道
shàn zé dé zhī bù shàn zé shī zhī yǐ chǔ shū yuē
善则得之，不善则失之矣。《楚书》曰：
chǔ guó wú yǐ wéi bǎo wéi shàn yǐ wéi bǎo jiù fàn
“楚国无以为宝，惟善以为宝。”舅犯
yuē wáng rén wú yǐ wéi bǎo rén qīn yǐ wéi bǎo
曰：“亡人无以为宝，仁亲以为宝。”
qín shì yuē ruò yǒu yī gè chén duàn duàn xī wú
《秦誓》曰：“若有一个臣，断断兮无
tā jì qí xīn xiū xiū yān qí rú yǒu róng yān rén zhī
他技，其心休休焉，其如有容焉。人之
yǒu jì ruò jǐ yǒu zhī rén zhī yàn shèng qí xīn hào
有技，若己有之；人之彦圣，其心好
zhī bù chì ruò zì qí kǒu chū shí néng róng zhī yǐ
之；不啻若自其口出，实能容之，以
néng bǎo wǒ zǐ sūn lí mín shàng yì yǒu lì zāi rén
能保我子孙黎民，尚亦有利哉！人
zhī yǒu jì mào jí yǐ wù zhī rén zhī yàn shèng ér
之有技，娼疾以恶之；人之彦圣，而
wéi zhī bǐ bù tōng shí bù néng róng yǐ bù néng bǎo wǒ
违之俾不通；实不能容，以不能保我
zǐ sūn lí mín yì yuē dài zāi wéi rén rén fàng liú zhī
子孙黎民，亦曰殆哉！”唯仁人放流之，
bǐng zhū sì yí bù yǔ tóng zhōng guó cǐ wèi
迸（屏）诸四夷，不与同中国。此谓
wéi rén rén wéi néng ài rén néng wù rén jiàn xián ér bù
唯仁人为能爱人，能恶人。见贤而不

néng jǔ jǔ ér bù néng xiān mìng yě jiàn bù shàn ér
能举，举而不能先，命也；见不善而
bù néng tuì tuì ér bù néng yuǎn guò yě hào rén zhī
不能退，退而不能远，过也。好人之
suǒ wù wù rén zhī suǒ hào shì wèi fú rén zhī xìng
所恶，恶人之所好，是谓拂人之性，
zāi bì dài fú shēn shì gù jūn zǐ yǒu dà dào bì
菑（灾）必逮夫身。是故君子有大道，必
zhōng xìn yǐ dé zhī jiāo tài yǐ shī zhī
忠信以得之，骄泰以失之。

shēng cái yǒu dà dào shēng zhī zhě zhòng shí zhī
生财有大道，生之者众，食之
zhě guǎ wéi zhī zhě jí yòng zhī zhě shū zé cái héng
者寡，为之者疾，用之者舒，则财恒
zú yǐ rén zhě yǐ cái fā shēn bù rén zhě yǐ shēn fā
足矣。仁者以财发身，不仁者以身发
cái wèi yǒu shàng hào rén ér xià bù hào yì zhě yě wèi
财。未有上好仁而下不好义者也，未
yǒu hào yì qí shì bù zhōng zhě yě wèi yǒu fǔ kù cái fēi
有好义其事不终者也，未有府库财非
qí cái zhě yě mèng xiàn zǐ yuē xù mǎ shèng bù
其财者也。孟献子曰：“畜马乘，不
chá yú jī tún fá bīng zhī jiā bù xù niú yáng bǎi
察于鸡豚，伐冰之家，不畜牛羊，百
shèng zhī jiā bù xù jù liǎn zhī chén yǔ qí yǒu jù liǎn
乘之家，不畜聚敛之臣，与其有聚敛
zhī chén nìng yǒu dào chén cǐ wèi guó bù yǐ lì wéi
之臣，宁有盗臣。”此谓国不以利为

lì yǐ yì wéi lì yě zhǎng guó jiā ér wù cái yòng zhě
利，以义为利也。长国家而务财用者，
bì zì xiǎo rén yǐ bǐ wéi shàn zhī xiǎo rén zhī shǐ wéi
必自小人矣。彼为善之，小人之使为
guó jiā zāi hài bìng zhì suī yǒu shàn zhě yì wú
国家，菑（灾）害并至。虽有善者，亦无
rú zhī hé yǐ cǐ wèi guó bù yǐ lì wéi lì yǐ yì wéi
如之何矣！此谓国不以利为利，以义为
lì yě yòu zhuàn zhī shí zhāng shì zhì guó píng
利也。（右传之十章，释“治国”、“平
tiān xià
天下”。）

zhōng yōng zhāng jù

中庸章句

tiān mìng zhī wèi xìng shuài xìng zhī wèi dào xiū dào
天命之谓性，率性之谓道，修道
zhī wèi jiào dào yě zhě bù kě xū yú lí yě kě lí fēi
之谓教。道也者，不可须臾离也，可离非
dào yě shì gù jūn zǐ jiè shèn hū qí suǒ bù dǔ kǒng
道也。是故君子戒慎乎其所不睹，恐
jù hū qí suǒ bù wén mò xiàn hū yǐn mò xiǎn
惧乎其所不闻。莫见（现）乎隐，莫显
hū wēi gù jūn zǐ shèn qí dú yě xǐ nù āi lè zhī wèi
乎微，故君子慎其独也。喜怒哀乐之未
fā wèi zhī zhōng fā ér jiē zhòng jié wèi zhī hé
发，谓之中；发而皆中节，谓之和。
zhōng yě zhě tiān xià zhī dà běn yě hé yě zhě tiān xià
中也者，天下之大本也；和也者，天下
zhī dá dào yě zhì zhōng hé tiān dì wèi yān wàn wù
之达道也。致中和，天地位焉，万物
yù yān yòu dì yī zhāng zǐ sī shù suǒ chuán zhī yì
育焉。（右第一章。子思述所传之意
yǐ lì yán shǒu míng dào zhī běn yuán chū yú tiān ér bù
以立言：首明道之本原出于天而不

kě yì qí shí tǐ bèi yú jǐ ér bù kě lí cì yán cún
可易，其实体备于己而不可离，次言存
yǎng xǐng chá zhī yào zhōng yán shèng shén gōng huà zhī
养省察之要，终言圣神功化之
jí gài yù xué zhě yú cǐ fǎn qiú zhū shēn ér zì dé zhī
极。盖欲学者于此反求诸身而自得之，
yǐ qù fú wài yòu zhī sī ér chōng qí běn rán zhī shàn
以去夫外诱之私，而充其本然之善，
yáng shì suǒ wèi yī piān zhī tǐ yào shì yě qí xià shí
杨氏所谓一篇之体要是也。其下十
zhāng gài zǐ sī yǐn fū zǐ zhī yán yǐ zhōng cǐ zhāng
章，盖子思引夫子之言，以终此章
zhī yì
之义。）

zhòng ní yuē jūn zǐ zhōng yōng xiǎo rén fǎn
仲尼曰：“君子中庸，小人反
zhōng yōng jūn zǐ zhī zhōng yōng yě jūn zǐ ér shí
中庸。君子之中庸也，君子而时
zhòng xiǎo rén zhī zhōng yōng yě xiǎo rén ér wú jì dàn
中；小人之中庸也，小人而无忌惮
yě yòu dì èr zhāng
也。”（右第二章。）

zǐ yuē zhōng yōng qí zhì yǐ hū mín xiǎn néng
子曰：“中庸其至矣乎！民鲜能
jiǔ yǐ yòu dì sān zhāng
久矣！”（右第三章。）

zǐ yuē dào zhī bù xíng yě wǒ zhī zhī yǐ
子曰：“道之不行也，我知之矣，

知（智）者过之，愚者不及也；道之不明也，我知之矣，贤者过之，不肖者不及也。人莫不饮食也，鲜能知味也。”（右第四章。）

子曰：“道其不行矣夫！”（右第五章。）

子曰：“舜其大知（智）也与（欤）！舜好问而好察迩言，隐恶而扬善，执其两端，用其中于民，其斯以为舜乎！”（右第六章。）

子曰：“人皆曰‘予知（智）’，驱而纳诸罟擭陷阱之中，而莫之知辟（避）也。人皆曰‘予知（智）’，择乎中庸，而不能期月守也。”（右第七章。）

zǐ yuē huí zhī wéi rén yě zé hū zhōng yōng
子曰："回之为人也，择乎中庸，
dé yī shàn zé quán quán fú yīng ér fú shī zhī yǐ
得一善，则拳拳服膺而弗失之矣。"
yòu dì bā zhāng
（右第八章。）

zǐ yuē tiān xià guó jiā kě jūn yě jué lù kě cí
子曰："天下国家可均也，爵禄可辞
yě bái rèn kě dǎo yě zhōng yōng bù kě néng yě
也，白刃可蹈也，中庸不可能也。"
yòu dì jiǔ zhāng
（右第九章。）

zǐ lù wèn qiáng zǐ yuē nán fāng zhī qiáng
子路问强。子曰："南方之强
yú běi fāng zhī qiáng yú yì ér
与（欤）？北方之强与（欤）？抑而（尔）
qiáng yú kuān róu yǐ jiào bù bào wú dào nán
强与（欤）？宽柔以教，不报无道，南
fāng zhī qiáng yě jūn zǐ jū zhī rèn jīn gé sǐ ér bù
方之强也，君子居之。衽金革，死而不
yàn běi fāng zhī qiáng yě ér qiáng zhě jū zhī gù jūn
厌，北方之强也，而强者居之。故君
zǐ hé ér bù liú qiáng zāi jiǎo zhōng lì ér bù yǐ
子和而不流，强哉矫！中立而不倚，
qiáng zāi jiǎo guó yǒu dào bù biàn sè yān qiáng zāi
强哉矫！国有道，不变塞焉，强哉
jiǎo guó wú dào zhì sǐ bù biàn qiáng zāi jiǎo yòu
矫！国无道，至死不变，强哉矫！"（右

dì shí zhāng
第十章。)

zǐ yuē sù yǐn xíng guài hòu shì yǒu shù yān wú
子曰:“素隐行怪,后世有述焉,吾
fú wéi zhī yǐ jūn zǐ zūn dào ér xíng bàn tú
弗为之矣。君子遵道而行,半涂(途)
ér fèi wú fú néng yǐ yǐ jūn zǐ yī hū zhōng yōng
而废,吾弗能已矣。君子依乎中庸。
dùn shì bù jiàn zhī ér bù huǐ wéi shèng zhě néng zhī
遁世不见知而不悔,唯圣者能之。”
yòu dì shí yī zhāng
(右第十一章。)

jūn zǐ zhī dào fèi ér yǐn fū fù zhī yú kě yǐ yù
君子之道费而隐。夫妇之愚,可以与
zhī yān jí qí zhì yě suī shèng rén yì yǒu suǒ bù zhī
知焉,及其至也,虽圣人亦有所不知
yān fū fù zhī bù xiào kě yǐ néng xíng yān jí qí zhì
焉;夫妇之不肖,可以能行焉,及其至
yě suī shèng rén yì yǒu suǒ bù néng yān tiān dì zhī dà
也,虽圣人亦有所不能焉。天地之大
yě rén yóu yǒu suǒ hàn gù jūn zǐ yù dà tiān xià mò
也,人犹有所憾。故君子语大,天下莫
néng zài yān yù xiǎo tiān xià mò néng pò yān shī
能载焉;语小,天下莫能破焉。《诗》
yún yuān fēi lì tiān yú yuè yú yuān yán qí shàng
云:“鸢飞戾天;鱼跃于渊。”言其上
xià chá yě jūn zǐ zhī dào zào duān hū fū fù jí qí
下察也。君子之道,造端乎夫妇;及其

zhì yě chá hū tiān dì yòu dì shí èr zhāng zǐ sī
至也，察乎天地。（右第十二章。子思
zhī yán gài yǐ shēn míng shǒu zhāng dào bù kě lí zhī
之言，盖以申明首章道不可离之
yì yě qí xià bā zhāng zá yǐn kǒng zǐ zhī yán yǐ
意也。其下八章，杂引孔子之言以
míng zhī
明之。）

zǐ yuē dào bù yuǎn rén rén zhī wéi dào ér yuǎn
子曰：“道不远人。人之为道而远
rén bù kě yǐ wéi dào shī yún fá kē fá kē qí
人，不可以为道。《诗》云：‘伐柯伐柯，其
zé bù yuǎn zhí kē yǐ fá kē nì ér shì zhī yóu yǐ
则不远。’执柯以伐柯，睨而视之，犹以
wéi yuǎn gù jūn zǐ yǐ rén zhì rén gǎi ér zhǐ zhōng shù
为远。故君子以人治人，改而止。忠恕
wéi dào bù yuǎn shī zhū jǐ ér bù yuàn yì wù shī yú
违道不远，施诸己而不愿，亦勿施于
rén jūn zǐ zhī dào sì qiū wèi néng yī yān suǒ qiú hū
人。君子之道四，丘未能一焉：所求乎
zǐ yǐ shì fù wèi néng yě suǒ qiú hū chén yǐ shì jūn
子，以事父未能也；所求乎臣，以事君
wèi néng yě suǒ qiú hū dì yǐ shì xiōng wèi néng yě
未能也；所求乎弟，以事兄未能也；
suǒ qiú hū péng yǒu xiān shī zhī wèi néng yě yōng dé
所求乎朋友，先施之未能也。庸德
zhī xíng yōng yán zhī jǐn yǒu suǒ bù zú bù gǎn bù
之行，庸言之谨，有所不足，不敢不

miǎn yǒu yú bù gǎn jìn yán gù xíng xíng gù yán jūn
勉，有余不感尽；言顾行，行顾言。君
zǐ hú bù zào zào ěr yòu dì shí sān zhāng
子胡不慥慥尔。”（右第十三章。）

jūn zǐ sù qí wèi ér xíng bù yuàn hū qí wài sù
君子素其位而行，不愿乎其外。素
fù guì xíng hū fù guì sù pín jiàn xíng hū pín jiàn sù
富贵，行乎富贵；素贫贱，行乎贫贱；素
yí dí xíng hū yí dí sù huàn nán xíng hū huàn nán
夷狄，行乎夷狄；素患难，行乎患难：
jūn zǐ wú rù ér bù zì dé yān zài shàng wèi bù líng
君子无入而不自得焉。在上位不陵
xià zài xià wèi bù yuán shàng zhèng jǐ ér bù qiú yú
下；在下位不援上，正己而不求于
rén zé wú yuàn shàng bù yuàn tiān xià bù yóu rén gù
人则无怨。上不怨天，下不尤人。故
jūn zǐ jū yì yǐ sì mìng xiǎo rén xíng xiǎn yǐ
君子居易以俟命，小人行险以
jiǎo xìng zǐ yuē shè yǒu sì hū jūn zǐ shī zhū
徼（侥）幸。子曰：“射有似乎君子；失诸
zhèng gǔ fǎn qiú zhū qí shēn yòu dì shí sì zhāng
正鹄，反求诸其身。”（右第十四章。）

jūn zǐ zhī dào pì rú xíng yuǎn bì zì ěr
君子之道，辟（譬）如行远必自迩，
pì rú dēng gāo bì zì bēi shī yuē qī zǐ
辟（譬）如登高必自卑。《诗》曰：“妻子
hào hé rú gǔ sè qín xiōng dì jì xī hé lè qiě dān
好合，如鼓瑟琴；兄弟既翕，和乐且耽；

yí ěr shì jiā lè ěr qī nú zǐ yuē fù mǔ
宜尔室家，乐尔妻帑（孥）。”子曰：“父母

qí shùn yǐ hū yòu dì shí wǔ zhāng
其顺矣乎。”（右第十五章。）

zǐ yuē guǐ shén zhī wéi dé qí shèng yǐ hū
子曰：“鬼神之为德，其盛矣乎！

shì zhī ér fú jiàn tīng zhī ér fú wén tǐ wù ér bù kě
视之而弗见，听之而弗闻，体物而不可

yí shǐ tiān xià zhī rén zhāi míng shèng fú yǐ
遗。使天下之人齐（斋）明盛服，以

chéng jì sì yáng yáng hū rú zài qí shàng rú zài qí
承祭祀。洋洋乎如在其上，如在其

zuǒ yòu shī yuē shén zhī gé sī bù kě duó sī
左右。《诗》曰：‘神之格思，不可度思！

shěn kě yì sī fú wēi zhī xiǎn chéng zhī bù kě yǎn
矧可射思！’夫微之显，诚之不可掩

rú cǐ fú yòu dì shí liù zhāng
如此夫。”（右第十六章。）

zǐ yuē shùn qí dà xiào yě yú dé wéi
子曰：“舜其大孝也与（欤）！德为

shèng rén zūn wéi tiān zǐ fù yǒu sì hǎi zhī nèi zōng
圣人，尊为天子，富有四海之内。宗

miào xiǎng zhī zǐ sūn bǎo zhī gù dà dé bì dé qí wèi
庙飨之，子孙保之。故大德必得其位，

bì dé qí lù bì dé qí míng bì dé qí shòu gù tiān
必得其禄，必得其名，必得其寿。故天

zhī shēng wù bì yīn qí cái ér dǔ yān gù zāi zhě péi
之生物，必因其材而笃焉。故栽者培

zhī qīng zhě fù zhī shī yuē jiā lè jūn zǐ
之，倾者覆之。《诗》曰：‘嘉乐君子，
xiǎn xiǎn lìng dé yí mín yí rén shòu lù yú tiān
宪（显）宪令德！宜民宜人，受禄于天。
bǎo yòu mìng zhī zì tiān shēn zhī gù dà dé zhě bì
保佑命之，自天申之！’故大德者必
shòu mìng yòu dì shí qī zhāng
受命。”（右第十七章。）

zǐ yuē wú yōu zhě qí wéi wén wáng hū yǐ
子曰：“无忧者，其惟文王乎！以
wáng jì wéi fù yǐ wǔ wáng wéi zǐ fù zuò zhī zǐ
王季为父，以武王为子，父作之，子
shù zhī wǔ wáng zuǎn tài wáng wáng jì wén
述之。武王缵大（太）王、王季、文
wáng zhī xù yī róng yī ér yǒu tiān xià shēn bù shī tiān
王之绪，壹戎衣而有天下，身不失天
xià zhī xiǎn míng zūn wéi tiān zǐ fù yǒu sì hǎi zhī nèi
下之显名。尊为天子，富有四海之内。
zōng miào xiǎng zhī zǐ sūn bǎo zhī wǔ wáng mò shòu
宗庙飨之，子孙保之。武王末受
mìng zhōu gōng chéng wén wǔ zhī dé zhuī wàng
命，周公成文、武之德。追王
tài wáng wáng jì shàng sì xiān gōng yǐ tiān zǐ
大（太）王、王季，上祀先公以天子
zhī lǐ sī lǐ yě dá hū zhū hóu dà fū jí shì shù
之礼。斯礼也，达乎诸侯大夫，及士庶
rén fù wéi dà fū zǐ wéi shì zàng yǐ dà fū jì yǐ
人。父为大夫，子为士，葬以大夫，祭以

shì fù wéi shì zǐ wéi dà fū zàng yǐ shì jì yǐ dà
士。父为士，子为大夫，葬以士，祭以大
fū jī zhī sàng dá hū dà fū sān nián zhī sàng dá hū
夫。期之丧达乎大夫，三年之丧达乎
tiān zǐ fù mǔ zhī sàng wú guì jiàn yī yě yòu dì
天子，父母之丧无贵贱，一也。”（右第
shí bā zhāng
十八章。）

zǐ yuē wǔ wáng zhōu gōng qí dá xiào yǐ hū
子曰：“武王、周公，其达孝矣乎！
fú xiào zhě shàn jì rén zhī zhì shàn shù rén zhī shì zhě
夫孝者：善继人之志，善述人之事者
yě chūn qiū xiū qí zǔ miào chén qí zōng qì shè qí
也。春秋修其祖庙，陈其宗器，设其
cháng yī jiàn qí shí shí zōng miào zhī lǐ suǒ yǐ xù
裳衣，荐其时食。宗庙之礼，所以序
zhāo mù yě xù jué suǒ yǐ biàn guì jiàn yě xù shì suǒ
昭穆也；序爵，所以辨贵贱也；序事，所
yǐ biàn xián yě lǚ chóu xià wéi shàng suǒ yǐ dài jiàn
以辨贤也；旅酬下为上，所以逮贱
yě yàn máo suǒ yǐ xù chǐ yě jiàn qí wèi
也；燕（宴）毛，所以序齿也；践其位，
xíng qí lǐ zòu qí yuè jìng qí suǒ zūn ài qí suǒ qīn
行其礼，奏其乐，敬其所尊，爱其所亲，
shì sǐ rú shì shēng shì wáng rú shì cún xiào zhī zhì
事死如事生，事亡如事存，孝之至
yě jiāo shè zhī lǐ suǒ yǐ shì shàng dì yě zōng miào
也。郊社之礼、所以事上帝也。宗庙

zhī lǐ suǒ yǐ sì hū qí xiān yě míng hū jiāo shè zhī
之礼，所以祀乎其先也。明乎郊社之
lǐ dì cháng zhī yì zhì guó qí rú shì zhū zhǎng hū
礼、禘尝之义，治国其如示诸掌乎！”
yòu dì shí jiǔ zhāng
（右第十九章。）

āi gōng wèn zhèng zǐ yuē wén wǔ zhī zhèng
哀公问政。子曰：“文武之政，
bù zài fāng cè qí rén cún zé qí zhèng jǔ qí rén
布在方策。其人存，则其政举；其人
wáng zé qí zhèng xī rén dào mǐn zhèng dì dào mǐn
亡，则其政息。人道敏政，地道敏
shù fú zhèng yě zhě pú lú yě gù wéi zhèng zài rén
树。夫政也者，蒲卢也。故为政在人，
qǔ rén yǐ shēn xiū shēn yǐ dào xiū dào yǐ rén rén zhě
取人以身，修身以道，修道以仁。仁者
rén yě qīn qīn wéi dà yì zhě yí yě zūn xián wéi dà
人也，亲亲为大；义者宜也，尊贤为大；
qīn qīn zhī shà zūn xián zhī děng lǐ suǒ shēng yě zài
亲亲之杀，尊贤之等，礼所生也。在
xià wèi bù huò hū shàng mín bù kě dé ér zhì yǐ gù
下位不获乎上，民不可得而治矣！故
jūn zǐ bù kě yǐ bù xiū shēn sī xiū shēn bù kě yǐ bù
君子不可以不修身；思修身，不可以不
shì qīn sī shì qīn bù kě yǐ bù zhī rén sī zhī rén bù
事亲；思事亲，不可以不知人；思知人，不
kě yǐ bù zhī tiān
可以不知天。”

tiān xià zhī dá dào wǔ suǒ yǐ xíng zhī zhě sān
天下之达道五，所以行之者三，
yuē jūn chén yě fù zǐ yě fū fù yě kūn dì yě
曰：君臣也，父子也，夫妇也，昆弟也，
péng yǒu zhī jiāo yě wǔ zhě tiān xià zhī dá dào yě
朋友之交也，五者，天下之达道也。
zhì rén yǒng sān zhě tiān xià zhī dá dé yě
知（智）、仁、勇三者，天下之达德也，
suǒ yǐ xíng zhī zhě yī yě huò shēng ér zhī zhī huò xué
所以行之者一也。或生而知之，或学
ér zhī zhī huò kùn ér zhī zhī jí qí zhī zhī yī yě huò
而知之，或困而知之，及其知之一也；或
ān ér xíng zhī huò lì ér xíng zhī huò miǎn qiǎng ér
安而行之，或利而行之，或勉强而
xíng zhī jí qí chéng gōng yī yě
行之，及其成功一也。

zǐ yuē hào xué jìn hū zhì lì xíng jìn
子曰：“好学近乎知（智）。力行近
hū rén zhī chǐ jìn hū yǒng zhī sī sān zhě zé zhī suǒ
乎仁，知耻近乎勇。知斯三者，则知所
yǐ xiū shēn zhī suǒ yǐ xiū shēn zé zhī suǒ yǐ zhì rén
以修身；知所以修身，则知所以治人；
zhī suǒ yǐ zhì rén zé zhī suǒ yǐ zhì tiān xià guó
知所以治人，则知所以治天下国
jiā yǐ
家矣。”

fán wéi tiān xià guó jiā yǒu jiǔ jīng yuē xiū shēn
凡为天下国家有九经，曰：修身

yě zūn xián yě qīn qīn yě jìng dà chén yě tǐ qún
也，尊贤也，亲亲也，敬大臣也，体群
chén yě zǐ shù mín yě lái bǎi gōng yě róu yuǎn rén
臣也，子庶民也，来百工也，柔远人
yě huái zhū hóu yě xiū shēn zé dào lì zūn xián zé bù
也，怀诸侯也。修身则道立，尊贤则不
huò qīn qīn zé zhū fù kūn dì bù yuàn jìng dà chén zé
惑，亲亲则诸父昆弟不怨，敬大臣则
bù xuàn tǐ qún chén zé shì zhī bào lǐ zhòng zǐ shù
不眩，体群臣则士之报礼重，子庶
mín zé bǎi xìng quàn lái bǎi gōng zé cái yòng zú róu
民则百姓劝，来百工则财用足，柔
yuǎn rén zé sì fāng guī zhī huái zhū hóu zé tiān xià
远人则四方归之，怀诸侯则天下
wèi zhī
畏之。

zhāi míng shèng fú fēi lǐ bù dòng suǒ yǐ
齐（斋）明盛服，非礼不动，所以
xiū shēn yě qù chán yuǎn sè jiàn huò ér guì dé suǒ
修身也；去谗远色，贱货而贵德，所
yǐ quàn xián yě zūn qí wèi zhòng qí lù tóng qí hào
以劝贤也；尊其位，重其禄，同其好
wù suǒ yǐ quàn qīn qīn yě guān shèng rèn shǐ suǒ yǐ
恶，所以劝亲亲也；官盛任使，所以
quàn dà chén yě zhōng xìn zhòng lù suǒ yǐ quàn shì
劝大臣也；忠信重禄，所以劝士
yě shí shǐ bó liǎn suǒ yǐ quàn bǎi xìng yě rì xǐng yuè
也；时使薄敛，所以劝百姓也；日省月

shì xì lǐn chèn shì suǒ yǐ quàn bǎi gōng
试，既（饩）禀（廪）称事，所以劝百工
yě sòng wǎng yíng lái jiā shàn ér jīn bù néng suǒ yǐ
也；送往迎来，嘉善而矜不能，所以
róu yuǎn rén yě jì jué shì jǔ fèi guó zhì luàn chí wēi
柔远人也；继绝世，举废国，治乱持危，
cháo pìn yǐ shí hòu wǎng ér bó lái suǒ yǐ huái zhū hóu
朝聘以时，厚往而薄来，所以怀诸侯
yě fán wéi tiān xià guó jiā yǒu jiǔ jīng suǒ yǐ xíng zhī
也。凡为天下国家有九经，所以行之
zhě yī yě
者一也。

fán shì yù zé lì bù yù zé fèi yán qián dìng zé
凡事豫则立，不豫则废。言前定则
bù jiá shì qián dìng zé bù kùn xíng qián dìng zé bù jiù
不跲，事前定则不困，行前定则不疚，
dào qián dìng zé bù qióng zài xià wèi bù huò hū shàng
道前定则不穷。在下位不获乎上，
mín bù kě dé ér zhì yǐ huò hū shàng yǒu dào bù xìn
民不可得而治矣；获乎上有道：不信
hū péng yǒu bù huò hū shàng yǐ xìn hū péng yǒu yǒu
乎朋友，不获乎上矣；信乎朋友有
dào bù shùn hū qīn bù xìn hū péng yǒu yǐ shùn hū
道：不顺乎亲，不信乎朋友矣；顺乎
qīn yǒu dào fǎn zhū shēn bù chéng bù shùn hū qīn yǐ
亲有道：反诸身不诚，不顺乎亲矣；
chéng shēn yǒu dào bù míng hū shàn bù chéng hū shēn
诚身有道：不明乎善，不诚乎身

yǐ chéng zhě tiān zhī dào yě chéng zhī zhě rén zhī
矣。诚者，天之道也；诚之者，人之
dào yě chéng zhě bù miǎn ér zhòng bù sī ér dé
道也。诚者不勉而中，不思而得，
cóng róng zhòng dào shèng rén yě chéng zhī zhě zé
从容中道，圣人也。诚之者，择
shàn ér gù zhí zhī zhě yě
善而固执之者也。

bó xué zhī shěn wèn zhī shèn sī zhī míng biàn
博学之，审问之，慎思之，明辨
zhī dǔ xíng zhī yǒu fú xué xué zhī fú néng fú cuò
之，笃行之；有弗学，学之弗能，弗措
yě yǒu fú wèn wèn zhī fú zhī fú cuò yě yǒu fú
也。有弗问，问之弗知，弗措也；有弗
sī sī zhī fú dé fú cuò yě yǒu fú biàn biàn zhī fú
思，思之弗得，弗措也；有弗辨，辨之弗
míng fú cuò yě yǒu fú xíng xíng zhī fú dǔ fú cuò
明，弗措也；有弗行，行之弗笃，弗措
yě rén yī néng zhī jǐ bǎi zhī rén shí néng zhī jǐ qiān
也；人一能之己百之，人十能之己千
zhī guǒ néng cǐ dào yǐ suī yú bì míng suī róu bì
之。果能此道矣，虽愚必明，虽柔必
qiáng yòu dì èr shí zhāng
强。”（右第二十章。）

zì chéng míng wèi zhī xìng zì míng chéng wèi zhī
自诚明，谓之性；自明诚，谓之
jiào chéng zé míng yǐ míng zé chéng yǐ yòu dì èr
教。诚则明矣，明则诚矣。（右第二

shí yī zhāng zǐ sī chéng shàng zhāng fū zǐ tiān dào
十一章。子思承上章夫子天道、
rén dǎo zhī yì ér lì yán yě zì cǐ yǐ xià shí èr
人道之意而立言也。自此以下十二
zhāng jiē zǐ sī zhī yán yǐ fǎn fù tuī míng cǐ zhāng
章，皆子思之言，以反复推明此章
zhī yì
之意。）

wéi tiān xià zhì chéng wéi néng jìn qí xìng néng jìn
唯天下至诚，为能尽其性；能尽
qí xìng zé néng jìn rén zhī xìng néng jìn rén zhī xìng
其性，则能尽人之性；能尽人之性，
zé néng jìn wù zhī xìng néng jìn wù zhī xìng zé kě yǐ
则能尽物之性；能尽物之性，则可以
zàn tiān dì zhī huà yù kě yǐ zàn tiān dì zhī huà yù zé
赞天地之化育；可以赞天地之化育，则
kě yǐ yǔ tiān dì sān yǐ yòu dì èr shí
可以与天地参（叁）矣。（右第二十
èr zhāng
二章。）

qí cì zhì qū qū néng yǒu chéng chéng zé xíng
其次致曲。曲能有诚，诚则形，
xíng zé zhù zhù zé míng míng zé dòng dòng zé biàn
形则著，著则明，明则动，动则变，
biàn zé huà wéi tiān xià zhì chéng wéi néng huà yòu
变则化。唯天下至诚为能化。（右
dì èr shí sān zhāng
第二十三章。）

zhì chéng zhī dào kě yǐ qián zhī guó jiā jiāng
至诚之道，可以前知。国家将
xīng bì yǒu zhēn xiáng guó jiā jiāng wáng bì yǒu yāo
兴，必有祯祥；国家将亡，必有妖
niè xiàn hū shī guī dòng hū sì tǐ huò fú jiāng
孽；见（现）乎蓍龟，动乎四体。祸福将
zhì shàn bì xiān zhī zhī bù shàn bì xiān zhī zhī gù
至：善，必先知之；不善，必先知之。故
zhì chéng rú shén yòu dì èr shí sì zhāng
至诚如神。（右第二十四章。）

chéng zhě zì chéng yě ér dào zì dǎo yě
诚者自成也，而道自道（导）也。
chéng zhě wù zhī zhōng shǐ bù chéng wú wù shì gù jūn
诚者物之终始，不诚无物。是故君
zǐ chéng zhī wéi guì chéng zhě fēi zì chéng jǐ ér yǐ
子诚之为贵。诚者非自诚己而已
yě suǒ yǐ chéng wù yě chéng jǐ rén yě chéng wù
也，所以成物也。成己，仁也；成物，
zhì yě xìng zhī dé yě hé wài nèi zhī dào yě
知（智）也。性之德也，合外内之道也，
gù shí cuò zhī yí yě yòu dì èr shí wǔ zhāng
故时措之宜也。（右第二十五章。）

gù zhì chéng wú xī bù xī zé jiǔ jiǔ zé zhēng
故至诚无息。不息则久，久则征，
zhēng zé yōu yuǎn yōu yuǎn zé bó hòu bó hòu zé gāo
征则悠远，悠远则博厚，博厚则高
míng bó hòu suǒ yǐ zài wù yě gāo míng suǒ yǐ fù
明。博厚，所以载物也；高明，所以覆

wù yě yōu jiǔ suǒ yǐ chéng wù yě bó hòu pèi dì
物也；悠久，所以成物也。博厚配地，
gāo míng pèi tiān yōu jiǔ wú jiāng rú cǐ zhě bù
高明配天，悠久无疆。如此者，不
xiàn ér zhāng bù dòng ér biàn wú wéi ér
见（现）而章，不动而变，无为而
chéng tiān dì zhī dào kě yī yán ér jìn yě qí wéi wù
成。天地之道，可一言而尽也：其为物
bù èr zé qí shēng wù bù cè tiān dì zhī dào bó yě
不贰，则其生物不测。天地之道，博也，
hòu yě gāo yě míng yě yōu yě jiǔ yě jīn fú tiān
厚也，高也，明也，悠也，久也。今夫天，
sī zhāo zhāo zhī duō jí qí wú qióng yě rì yuè xīng
斯昭昭之多，及其无穷也，日月星
chén xì yān wàn wù fù yān jīn fú dì yī cuō tǔ zhī
辰系焉，万物覆焉。今夫地，一撮土之
duō jí qí guǎng hòu zài huá yuè ér bù chóng zhèn hé
多，及其广厚，载华岳而不重，振河
hǎi ér bù xiè wàn wù zài yān jīn fú shān yī
海而不泄，万物载焉。今夫山，一
quán shí zhī duō jí qí guǎng dà cǎo mù shēng
卷（拳）石之多，及其广大，草木生
zhī qín shòu jū zhī bǎo zàng xīng yān jīn fú shuǐ yī
之，禽兽居之，宝藏兴焉。今夫水，一
sháo zhī duō jí qí bù cè yuán tuó jiāo lóng yú biē
勺之多，及其不测，鼋鼍、蛟龙、鱼鳖
shēng yān huò cái zhí yān shī yún wéi tiān zhī
生焉，货财殖焉。《诗》云：“维天之

mìng wū mù bù yǐ gài yuē tiān zhī suǒ yǐ wéi
命，於（呜）穆不已！”盖曰天之所以为
tiān yě wū hū pī xiǎn wén wáng zhī
天也。“於（呜）乎不（丕）显，文王之
dé zhī chún gài yuē wén wáng zhī suǒ yǐ wéi wén yě
德之纯！”盖曰文王之所以为文也，
chún yì bù yǐ yòu dì èr shí liù zhāng
纯亦不已。（右第二十六章。）

dà zāi shèng rén zhī dào yáng yáng hū fā yù wàn
大哉圣人之道！洋洋乎！发育万
wù jùn jí yú tiān yōu yōu dà zāi lǐ yí sān bǎi wēi
物，峻极于天。优优大哉！礼仪三百，威
yí sān qiān dài qí rén ér hòu xíng gù yuē gǒu bù zhì
仪三千。待其人而后行。故曰苟不至
dé zhì dào bù níng yān gù jūn zǐ zūn dé xìng ér dào
德，至道不凝焉。故君子尊德性而道
wèn xué zhì guǎng dà ér jìn jīng wēi jí gāo míng ér
问学，致广大而尽精微，极高明而
dào zhōng yōng wēn gù ér zhī xīn dūn hòu yǐ chóng
道中庸。温故而知新，敦厚以崇
lǐ shì gù jū shàng bù jiāo wéi xià bù bèi guó
礼。是故居上不骄，为下不倍（背）。国
yǒu dào qí yán zú yǐ xīng guó wú dào qí mò zú yǐ
有道其言足以兴，国无道其默足以
róng shī yuē jì míng qiě zhé yǐ bǎo qí shēn
容。《诗》曰：“既明且哲，以保其身。”
qí cǐ zhī wèi yú yòu dì èr shí qī zhāng
其此之谓与（欤）！（右第二十七章。）

zǐ yuē yú ér hào zì yòng jiàn ér hào zì
子曰："愚而好自用，贱而好自
zhuān shēng hū jīn zhī shì fǎn gǔ zhī dào rú cǐ zhě
专，生乎今之世，反古之道。如此者，
zāi jí qí shēn zhě yě fēi tiān zǐ bù yì lǐ
裁（灾）及其身者也。"非天子，不议礼，
bù zhì dù bù kǎo wén jīn tiān xià chē tóng guǐ shū tóng
不制度，不考文。今天下车同轨，书同
wén xíng tóng lún suī yǒu qí wèi gǒu wú qí dé bù
文，行同伦。虽有其位，苟无其德，不
gǎn zuò lǐ yuè yān suī yǒu qí dé gǒu wú qí wèi yì
敢作礼乐焉；虽有其德，苟无其位，亦
bù gǎn zuò lǐ yuè yān zǐ yuē wú shuō xià lǐ qǐ
不敢作礼乐焉。子曰："吾说夏礼，杞
bù zú zhēng yě wú xué yīn lǐ yǒu sòng cún yān wú
不足征也；吾学殷礼，有宋存焉；吾
xué zhōu lǐ jīn yòng zhī wú cóng zhōu yòu dì èr
学周礼，今用之，吾从周。"（右第二
shí bā zhāng
十八章。）

wàng tiān xià yǒu sān zhòng yān qí guǎ guò yǐ hū
王天下有三重焉，其寡过矣乎！
shàng yān zhě suī shàn wú zhēng wú zhēng bù xìn bù
上焉者虽善无征，无征不信，不
xìn mín fú cóng xià yān zhě suī shàn bù zūn bù zūn
信，民弗从；下焉者虽善不尊，不尊
bù xìn bù xìn mín fú cóng gù jūn zǐ zhī dào běn
不信，不信，民弗从。故君子之道：本

zhū shēn zhēng zhū shù mín kǎo zhū sān wáng ér bù
诸身，征诸庶民，考诸三王而不
miù jiàn zhū tiān dì ér bù bèi zhì zhū guǐ shén
缪（谬），建诸天地而不悖，质诸鬼神
ér wú yí bǎi shì yǐ sì shèng rén ér bù huò zhì zhū
而无疑，百世以俟圣人而不惑。质诸
guǐ shén ér wú yí zhī tiān yě bǎi shì yǐ sì shèng rén
鬼神而无疑，知天也；百世以俟圣人
ér bù huò zhī rén yě shì gù jūn zǐ dòng ér shì wéi tiān
而不惑，知人也。是故君子动而世为天
xià dào xíng ér shì wéi tiān xià fǎ yán ér shì wéi tiān
下道，行而世为天下法，言而世为天
xià zé yuǎn zhī zé yǒu wàng jìn zhī zé bù yàn shī
下则。远之则有望，近之则不厌。《诗》
yuē zài bǐ wú wù zài cǐ wú yì shù jī sù
曰：“在彼无恶，在此无射（斁）；庶几夙
yè yǐ yǒng zhōng yù jūn zǐ wèi yǒu bù rú cǐ ér
夜，以永终誉！”君子未有不如此而
zǎo yǒu yù yú tiān xià zhě yě yòu dì èr shí
蚤（早）有誉于天下者也。（右第二十
jiǔ zhāng
九章。）

zhòng ní zǔ shù yáo shùn xiàn zhāng wén wǔ
仲尼祖述尧舜，宪章文武；
shàng lǜ tiān shí xià xí shuǐ tǔ pì rú tiān dì
上律天时，下袭水土。辟（譬）如天地
zhī wú bù chí zài wú bù fù dào pì rú sì shí
之无不持载，无不覆帱，辟（譬）如四时

zhī cuò xíng rú rì yuè zhī dài míng wàn wù bìng yù ér
之错行，如日月之代明。万物并育而
bù xiāng hài dào bìng xíng ér bù xiāng bèi xiǎo dé chuān
不相害，道并行而不相悖，小德川
liú dà dé dūn huà cǐ tiān dì zhī suǒ yǐ wéi dà yě
流；大德敦化，此天地之所以为大也。
yòu dì sān shí zhāng
（右第三十章。）

wéi tiān xià zhì shèng wéi néng cōng míng ruì
唯天下至圣为能聪明睿
zhì zú yǐ yǒu lín yě kuān yù wēn róu zú yǐ
知（智），足以有临也；宽裕温柔，足以
yǒu róng yě fā qiáng gāng yì zú yǐ yǒu zhí yě
有容也；发强刚毅，足以有执也；
zhāi zhuāng zhōng zhèng zú yǐ yǒu jìng yě wén
齐（斋）庄中正，足以有敬也；文
lǐ mì chá zú yǐ yǒu bié yě pǔ bó yuān quán ér shí
理密察，足以有别也。溥博渊泉，而时
chū zhī pǔ bó rú tiān yuān quán rú yuān xiàn
出之。溥博如天，渊泉如渊。见（现）
ér mín mò bù jìng yán ér mín mò bù xìn xíng ér mín
而民莫不敬，言而民莫不信，行而民
mò bù yuè shì yǐ shēng míng yáng yì hū zhōng
莫不说（悦）。是以声名洋溢乎中
guó shī jí mán mò zhōu chē suǒ zhì rén lì suǒ tōng
国，施及蛮貊；舟车所至，人力所通；
tiān zhī suǒ fù dì zhī suǒ zài rì yuè suǒ zhào shuāng
天之所覆，地之所载，日月所照，霜

lù suǒ zhuì fán yǒu xuè qì zhě mò bù zūn qīn
露所队（坠），凡有血气者，莫不尊亲，
gù yuē pèi tiān yòu dì sān shí yī zhāng
故曰配天。（右第三十一章。）

wéi tiān xià zhì chéng wéi néng jīng lún tiān xià zhī
唯天下至诚，为能经纶天下之
dà jīng lì tiān xià zhī dà běn zhī tiān dì zhī huà yù
大经，立天下之大本，知天地之化育。
fú yān yǒu suǒ yǐ zhūn zhūn qí rén yuān yuān qí
夫焉有所倚？肫肫其仁！渊渊其
yuān hào hào qí tiān gǒu bù gù cōng míng shèng
渊！浩浩其天！苟不固聪明圣
zhì dá tiān dé zhě qí shú néng zhī zhī yòu dì
知（智）达天德者，其孰能知之？（右第
sān shí èr zhāng
三十二章。）

shī yuē yì jǐn shàng jiǒng wù qí wén zhī
《诗》曰："衣锦尚䌹"，恶其文之
zhù yě gù jūn zǐ zhī dào àn rán ér rì zhāng xiǎo rén
著也。故君子之道，暗然而日章；小人
zhī dào dí rán ér rì wáng jūn zǐ zhī dào dàn ér bù
之道，的然而日亡。君子之道：淡而不
yàn jiǎn ér wén wēn ér lǐ zhī yuǎn zhī jìn zhī fēng
厌，简而文，温而理，知远之近，知风
zhī zì zhī wēi zhī xiǎn kě yǔ rù dé yǐ shī yún
之自，知微之显。可与入德矣。《诗》云：
qián suī fú yǐ yì kǒng zhī zhāo gù jūn zǐ nèi xǐng
"潜虽伏矣，亦孔之昭！"故君子内省

bù jiù wú wù yú zhì jūn zǐ zhī suǒ bù kě jí zhě qí
不疚，无恶于志。君子之所不可及者，其
wéi rén zhī suǒ bù jiàn hū shī yún xiàng zài ěr
唯人之所不见乎。《诗》云：“相在尔
shì shàng bù kuì yú wū lòu gù jūn zǐ bù dòng ér
室，尚不愧于屋漏。”故君子不动而
jìng bù yán ér xìn shī yuē zòu gé wú
敬，不言而信。《诗》曰：“奏假（格）无
yán shí mí yǒu zhēng shì gù jūn zǐ bù shǎng ér mín
言，时靡有争。”是故君子不赏而民
quàn bù nù ér mín wēi yú fū yuè shī yuē
劝，不怒而民威于铁钺。诗曰：
pī xiǎn wéi dé bǎi bì qí xíng zhī shì gù jūn
“不（丕）显惟德！百辟其刑之。”是故君
zǐ dǔ gōng ér tiān xià píng shī yún yǔ huái míng
子笃恭而天下平。《诗》云：“予怀明
dé bù dà shēng yǐ sè zǐ yuē shēng sè zhī yú
德，不大声以色。”子曰：“声色之于
yǐ huà mín mò yě shī yuē dé yóu rú máo
以化民，末也。”《诗》曰：“德辅如毛”，
máo yóu yǒu lún shàng tiān zhī zài wú shēng wú xiù
毛犹有伦。“上天之载，无声无臭。”
zhì yǐ yòu dì sān shí sān zhāng zǐ sī yīn qián zhāng
至矣！（右第三十三章。子思因前章
jí zhì zhī yán fǎn qiú qí běn fù zì xià xué wéi jǐ jǐn
极致之言，反求其本，复自下学为己谨
dú zhī shì tuī ér yán zhī yǐ xùn zhì hū dǔ gōng ér
独之事，推而言之，以驯致乎笃恭而

tiān xià píng zhī shèng yòu zàn qí miào zhì yú wú
天下平之盛。又赞其妙，至于无
shēng wú xiù ér hòu yǐ yān gài jǔ yī piān zhī yào ér
声无臭而后已焉。盖举一篇之要而
yuē yán zhī qí fǎn fù dīng níng shì rén zhī yì zhì shēn
约言之，其反复丁宁示人之意，至深
qiè yǐ xué zhě qí kě bù jìn xīn hū
切矣，学者其可不尽心乎！）